KB200115

당신의 입을 거룩하게 하라

The Power of Words and the Wonder of God

Originally published in English by Desiring God with all foreign language
ministry rights owned by Desiring God
2112 BROADWAY ST NE, STE 150
MINNEAPOLIS, MN 55413
This edition published by arrangement with Desiring God
Through rMaeng2, Seoul, Republic of Korea

당신의 입을 거룩하게 하라

엮은이 | 존 파이퍼, 저스틴 테일러
옮긴이 | 전의우
초판 발행 | 2010. 8. 16
개정 1판 1쇄 발행 | 2023. 3. 22
       5쇄 발행 | 2024. 7. 10
등록번호 | 제1988-000080호
등록된 곳 | 서울특별시 용산구 서빙고로65길 38
발행처 | 사단법인 두란노서원
영업부 | 02)2078-3333 FAX | 080-749-3705
출판부 | 02)2078-3330

책값은 뒤표지에 있습니다.
ISBN 978-89-531-4447-7 03230

독자의 의견을 기다립니다.
tpress@duranno.com www.duranno.com

두란노서원은 바울 사도가 3차 전도 여행 때 에베소에서 성령 받은 제자들을 따로 세워 하나님의 말씀으로 양육
하던 장소입니다. 사도행전 19장 8-20절의 정신에 따라 첫째 목회자를 돕는 사역과 평신도를 훈련시키는 사역,
둘째 세계선교TIM와 문서선교단행본·잡지 사역, 셋째 예수문화 및 경배와 찬양 사역, 그리고 가정·상담 사역 등을 감
당하고 있습니다. 1980년 12월 22일에 창립된 두란노서원은 주님 오실 때까지 이 사역들을 계속할 것입니다.

그리스도인의 성숙한 언어 습관

당신의
입을

거룩하게
하라

존 파이퍼, 저스틴 테일러 엮음

전의우 옮김

두란노

이 책을 향한 찬사들

저자들의 이름만 보고도 훌륭한 책일 것이라고 짐작했다. 기대보다 훨씬 좋은 책이다. 서문을 비롯해 모든 장(章)들이 '말'이라는 주제에 대해 창의적이고 생생한 시각으로 다루고 있다. 모든 '말'들은 좋은 방향이든 나쁜 방향이든지 더없이 강한 힘을 갖고 있으며 사람들에게 지속적인 영향을 미친다. 기고자들은 이 주제에 대해 풍성하고, 성경적이며, 그리스도 중심적이고, 유익한 시각을 제시한다.
— 랜디 알콘(Randy Alcorn), 《헤븐》 저자

모든 그리스도인 사역자들의 책장에 비치되어도 손색없는 책이다. 이 책을 여권 삼아, 숙련된 언어의 직공들이 사는 나라로 들어가 보라. 그들은 하나같이 통찰력이 넘치며 창의적이고 실제적이다.
— 맥스 루케이도(Max Lucado), 《믿음 연습》 저자

삼위일체 하나님은 말씀으로 세상을 창조하셨고, 우리를 구원하셨으며, 자신의 계명을 통해 그분을 닮아가게 하신다. 좋은 소통(하나님과의 소통뿐 아니라 인간 간의 소통까지)은 멋진 보석과 같다.
— 마이클 호튼(Michael Horton), 웨스트민스터신학교 조직신학 교수

오늘날 그리스도인들은 넘쳐나는 문자 메시지와 트위터, 인터넷 정보가 지배하는 문화 속에 살아간다. 따라서 말의 힘에 대한 성경적 이해가 절실히 필요하다. 하나님 나라의 지도자 양성에 관심이 있는 사람이라면 누구나 이 책을 통해 성경에 담긴 지혜에 주목하고 자신의 스태프와 학생들에게 가르칠 것이다. 나도 마찬가지다!
— 매트 브래드너(Matt Bradner), 캠퍼스 아웃리치 회장

주님은 우리가 떡으로만 살지 않고 아버지의 입에서 나오는 모든 말씀으로 산다고 선포하셨다. 따라서 교회는 말의 의미를 소홀히 여겨서는 안 된다. 저자들은 지혜로운 말로 이런 부주의에서 벗어나는 길을 제시한다. 이 책을 추천하게 되어 더없이 기쁘다.

— 알버트 몰러 주니어(R. Albert Mottler Jr.), 남침례신학교 총장

하나님의 말씀은 그분이 우리에게 전하는 메시지뿐 아니라 예수 그리스도 자신이기도 하다(요 1:1-14). 곧 그분이 누구신지 드러내는 근본적인 요소다. 이런 점에서 우리의 말도 우리 삶의 핵심이 된다. 저자들은 이 주제와 관련해 성경적이고 사려 깊은 글을 소개하고 있다.

— 존 프레임(John Frame), 리폼드신학교 조직신학 교수

이 책을 읽으면 자신의 말에 대한 새로운 시각을 갖게 된다. 상황에 따라 말을 더하거나 덜하게 되고, 부드럽고 담대하게 말하는 법을 배우게 된다. 또한 자신의 말에 더 주의하게 된다.

— 에드워드 웰치(Edward T. Welch), 기독교상담 및 교육연구소 고문

우리가 소홀히 여기는 주제를 시기적절하게 다룬 아주 놀라운 책이다. 우리 사회는 말과 이미지의 홍수에 빠져 있다. 지금 우리에게 필요한 것은 바른 목적을 가진 말이다. 여기에 실린 글들은 어느 하나도 가볍지 않으며, 말을 통해 하나님의 경이를 표현하려는 갈망을 심어 준다. 이 책을 읽으면서 가슴이 벅차오르는 감동이 있었다.

— 리랜드 라이큰(Leland Ryken), 휘튼칼리지 교수

CONTENTS

존 번연에게 이 책을 바친다.

그는 《천로역정》에 진심을 다해 이렇게 썼다.

∞

"이 책은 수많은 사람들이 좋아하는 어투로 기록되었다.

그래서 소설처럼 보이지만,

사실은 견고하고 진실한 복음의 힘이 담겨 있다."

저스틴 테일러 Justin Taylor

'디자이어링 갓 미니스트리'(Desiring God Ministries)의 신학 연구 및 교육 책임자였으며, 일리노이즈 주 휘튼에 있는 크로스웨이출판사(Crossway Books)의 편집장이다. 존 파이퍼와 함께 다섯 권의 책을 편집했으며, 켈리 케픽(Kelly Kapic)과 함께 존 오웬(John Owen)의 고전을 새롭게 편집했다. 'Between Two World'라는 제목의 블로그(http://theologica.blogspot.com)를 운영한다. 아내 레아와의 사이에 세 자녀를 두었다.

말의 힘과 하나님의 경이

죽고 사는 것이
혀의 힘에 달렸나니

우리는 말을 사용하여 생각하고, 듣고, 말하는 의사소통을 하며
노래를 비롯하여 감정을 표현한다. 또한 그 말들을 기록하고 읽는
다. 항상, 매일 그러하다.

그렇다면 말과 기독교는 어떤 관계가 있는 것일까? 창세전부터
창조와 인간의 타락, 그리스도의 구속, 하나님 나라의 완성에 이르기
까지 구속사의 모든 단계에서 "하나님은 거기 계시며 말씀하셨다."[1]

말에 관한 성경의 첫 장면

말에 관한 성경의 관점을 살펴보려면, 성경의 첫 페이지로 거슬러 가야 한다. 창세기 처음 몇 장은 하나님이 말씀으로 세상을 창조하고 정렬하며, 이름 짓고 해석하며, 축복과 저주를 명하며, 가르치고 경고하는 장면으로 가득 차 있다.

하나님이 말씀하시면(speaks, "하나님이 이르시되, …이 있으라 하시니") 그대로 된다("…이 있었고," "그대로 되니라"). 하나님이 이름을 붙이면(names, "…라 부르시고") 그것은 그 사물의 이름이 된다. 그리고 하나님의 아들 예수 그리스도는 "그의 능력의 말씀으로 만물을 붙드신다(sustains)"(히 1:3).

인간을 창조하기 전, 하나님은 말씀을 통해 자신의 의도를 드러내셨다("우리가 … 만들자"). 아담과 하와가 창조된 후, 그들이 가장 먼저 접했던 경험도 말과 연관되어 있다. 하나님으로부터 문화 명령("생육하고 번성하여 땅에 충만하라, 땅을 정복하라")을 받았고, 자유에 대한 설명("네가 임의로 먹되…")과 지켜야 할 것에 대한 경고("먹지 말라")를 들었던 것이다.

이때 사탄이 교활한 뱀의 모습으로 슬며시 끼어든다. 사탄이 가장 먼저 한 일도 그들에게 말을 건넨 것이었다. 사탄은 악한 말로 아담과 하와가 하나님의 말씀을 의심하게 했다. 우선 의심의 씨를 뿌렸고("하나님이 참으로 너희에게… 먹지 말라 하시더냐?"), 그 다음 창조자가 실은 거짓말쟁이라고 노골적으로 비방했다("너희가 결코 죽지 아니하리라").

아담과 하와는 사탄의 말을 듣고 하나님의 명령을 어기게 된다. 그러자 그들에게 두려움("내가…두려워하여")과 부끄러움("숨었나이다")이 생겼고, 자신의 잘못에 대해 핑계를 대기 시작했다("하나님이 주셔서 나와 함께 있게 하신 여자 그가…").

하나님은 타락한 아담과 하와에게 그들의 세상에 대해 설명하신다. 또한 처음으로 복음의 말씀을 주신다. 아들을 보내 원수의 머리를 부술 것을 예고하신 것이다.

예수, 육신이 되신 말씀

마침내 하나님의 아들이 신이자 인간으로서 인간 역사에 들어오신다. 그 아들은 하나님의 말씀으로 살고(눅 4:4), 하나님의 말씀을 지키며(요 8:55), 하나님의 말씀을 전한다(막 2:2). 아버지께서 아들에게 말씀을 주셨고, 아들은 그 말씀을 제자들에게 주셨으며, 제자들은 그것을 받았다(요 17:8).

예수님의 말씀은 예수님 자신과 분리되지 못한다.[2] 따라서 그 말씀은 신적인 속성을 갖는다. 그리스도의 말씀을 부끄러워하면 그리스도를 부끄러워하는 것과 같은 것이다(눅 9:26). 그리고 그 말씀은 영원하다. 천지는 없어져도 그리스도의 말씀은 없어지지 않는다(마 24:35).

또한 그리스도의 말씀에는 능력이 있다. 예수님은 '말씀으로' 귀신을 쫓아내셨으며(마 8:16), 말씀으로 병자를 치유하셨다(마 8:16). 마지막으로 그 말씀은 '영이요 생명'이고, '영생의 말씀'이다(요 6:63, 68). 그리스도와 연합하여 그리스도 안에 거하는 사람들 속에 있는 생명이다(요 8:31; 요 15:7; 골 3:16). 따라서 예수님의 말씀을 듣고 지키는 자들만이 복을 받고 영생을 얻게 된다(눅 11:28; 요 5:24; 8:47, 52).

예수님의 말씀을 들은 사람들은 그분의 은혜로운 말씀에 놀랐으며, 그분의 모든 말씀에 귀 기울였다(막 10:24; 눅 19:48, 4:22). 그들은 그분의 말씀에서 특별한 권위를 보았다.

반면 책망을 받은 사람들도 있었다. 예수님은 "말을 많이 하여야 들으실 줄 생각하고", "중언부언하면서" 기도하는 위선자들을 책망하셨다(마 6:7). 그리고 전통이란 명목으로 "하나님의 말씀을 폐하는" 자들도 꾸짖으셨다(마 15:6). 이들의 마음에는 예수님의 말씀을 위한 자리가 없었다. 어떤 사람들은 예수님의 말씀을 거부했고, 다른 사람들은 그분의 말씀을 듣고도 행하지 않았다(14:24). 반대자들은 그분의 말씀을 듣고는 "어떻게 하면 예수를 말의 올무에 걸리게 할까 상의했다"(마 22:15).

예수님은 말씀을 듣고 어떻게 반응하는지에 따라 구원과 형벌, 어느 쪽에 설지 결정된다고 경고하셨다. "사람이 무슨 무익한 말을 하든지 심판 날에 이에 대하여 심문을 받으리니 네 말로 의롭다 함을 받고 네 말로 정죄함을 받으리라"(마 12:36-37). "입에서 나오는 것들은 마음에서 나오기" 때문이다(마 15:18).

그리스도의 말씀을 듣고 행하는 사람은 반석 위에 집을 지은 지혜로운 사람과 같다. 폭풍우가 쳐도 집은 끄떡하지 않는다. 반대로 그리스도의 말씀을 듣고 행하지 않는 사람은 모래 위에 집을 짓는 사람과 같다. 폭풍이 오면 기초가 없으므로 집이 폭삭 무너진다(마 7:24-27).

말씀과 복음

사도행전과 바울의 서신서에서 복음의 메시지는 항상 '그 말씀'(the Word)으로 표현된다. 여기서 복음이란 "우리를 위해 한 진실하고 순종하는 분이 오셨는데, 그분이 우리가 마땅히 살아야 할 삶을 대신 살아 주셨고, 우리가 마땅히 지불해야 하지만 그러지 못한 죗값을 완전히 지불하셨다"[3]는 것이다.

하나님의 말씀을 읽고 복음이 우리 삶에서 갖는 의미를 생각할 때, 우리는 하나의 패턴을 보게 된다. (1) 하나님은 우리가 말하고 듣는 방식에 대해 거룩한 기준을 갖고 계신다. (2) 하지만 천국 이편에서는 하나님의 거룩한 기준에 결코 이를 수 없다. (3) 반면 예수님은 우리(아담과 이스라엘과 모든 선지자와 제사장과 왕)가 실패한 일을 온전히 성취하셨다. 다시 말해, 그분의 말씀은 완전했다. 예수님이 우리 죄를 지고, 우리 대신 죽으셨으므로 그분의 말씀은 우리의 말이 될 수 있다. (4) 우리가 날마다 혀를 바르게, 곧 하나님의 영광과 그분의 백성의 유익을 위해 사용하지 못하는 이유는 말씀이신 그리스도를 실제적으로 받아들이지 않기 때문이다. 그리스도를 바라보고 그분을 기뻐하며 그분의 대속(代贖)을 기뻐할 때 우리는 비로소 자유롭게 그분의 길을 걷게 된다. 다시 말해, 그분의 방식대로 말하게 된다.[4]

어떻게 살아야 하는가?

하나님은 말씀하시는 분이다. 예수님과 그분의 복음은 분리되지 못한다. 그렇다면 그분을 따르길 원하는 우리는 어떻게 말해야 하는가?

잠언을 살펴보는 것은 이것의 탁월한 출발점이 된다. 잠언은 어떤 것이 경건한 말이며 어떤 것이 불경건한 말인지 간결하게 알려주고 있다.

잠언	경건한 말	불경건한 말
10:32	의인의 입술은 기쁘게 할 것을 안다.	악인의 입은 패역을 말한다.

12:18	지혜로운 자의 혀는 양약과 같다.	칼로 찌름같이 함부로 말하는 자가 있다.
13:1	지혜로운 아들은 아비의 훈계를 듣는다.	거만한 자는 꾸지람을 즐겨 듣지 않는다.
13:3	입을 지키는 자는 자기의 생명을 보전한다.	입술을 크게 벌리는 자에게는 멸망이 온다.
13:10	권면을 듣는 자는 지혜가 있다.	교만에서는 다툼만 일어날 뿐이다.
13:18	경계를 받는 자는 존영(尊榮)을 받는다.	훈계를 저버리는 자에게는 궁핍과 수욕(受辱)이 이른다.
14:3	지혜로운 자의 입술은 자기를 보전한다.	미련한 자는 교만하여 입으로 매를 자청한다.
14:25	진실한 증인은 사람의 생명을 구원한다.	거짓말을 내뱉는 사람은 속인다.
15:1	유순한 대답은 분노를 쉬게 한다.	과격한 말은 노를 격동한다.

이처럼 잠언에는 말과 관련된 구절들이 아주 많다. 그리고 이 책의 여섯 명의 저자들 또한 독자들이 말에 대한 하나님의 관점을 이해하도록 도우려 애쓰고 있다.

그것이 관계 속에서 오가는 말이든, 누군가를 설득하는 말이든, 풍자의 말이든, 이야기든, 노랫말이든 간에 모든 말은 우리가 누구인지, 그리고 우리가 어떻게 말하는지와 연관되어 있다.

앞으로 전개될 여섯 저자들의 글을 간략하게 요약하면 다음과 같다.

폴 트립

트립은 모두가 이미 알고 있는 내용을 설명한다. 언어의 세계는 혼동의 세계다. 그러나 말의 전쟁을 다루기 위해서는 먼저 마음의 전쟁을 알아야 한다. 말의 문제는 곧 마음의 문제이기 때문이다. 모든 사람들의 마음속에는 두 나라가 있어서 서로 전쟁하고 있다. '나의 나라'와 '하나님 나라'가 싸우는 것이다. 항상 둘 중에 한 나라가 우리의 마음을 다스리고 우리의 말을 빚어낸다. 사랑이 우리 마음을 다스려야 우리에게서 나오는 말이 사랑과 은혜가 넘치는 온전한 말이 된다. 사랑의 다스림은 타인의 구원을 위한 자기희생에서 나타난다.

싱클레어 퍼거슨

퍼거슨은 야고보서 3장 1-12절을 강해하면서 혀에 관한 네 가지 원리를 밝힌다. (1) 혀는 길들이기 어렵다. (2) 혀는 작지만 강하다. (3) 혀는 파괴하는 힘이 있다. (4) 혀는 극도로 모순된다. 퍼거슨은 이런 이미지를 설명하고 복음의 의미를 보여 준 후 다음과 같이 권한다. (1) 혀를 통해 우리 죄가 얼마나 깊은지, 우리 마음이 얼마나 더러운지, 우리에게 구원의 은혜가 얼마나 절실히 필요한지 깨달으라. (2) 우리가 그리스도 안에서 새로운 피조물이라는 사실을 인식하라. (3) 계속해서 '그 말씀'(the Word) 안에 거하라.

존 파이퍼

유창함(eloquence)이란 듣는 사람이나 읽는 사람에게 영향을 끼치기 위해 단어들을 조합하는 것이다. 사도 바울은 그리스도께서 자신을 복음을 전하는 자로 보내셨을 때 '유창함'(eloquent wisdom, 공동번역은 '말재주')이나 '유식한 말'(lofty speech)로 복음을 전하지 않았다고 말한다(고전 1:17; 2:1). 오히려 바울은 이러한 유창함이 복음 안에 있는 십자가의 능력을 제거한다고 말하고 있다. 파이퍼는 고린도전서를 통해 이것이 정말 유창함을 버리라는 의미인지 탐구한다(사실 성경 자체가 유창함을 보여 주고 있다). 파이퍼는 바울이 특정 형태의 유창함, 곧 자신을 드러내고 하나님을 축소하거나 무시하려는 동기에서 나온 유창함에 반대하고 있다고 결론짓는다.

파이퍼는 성경이 인정하는 유창함이란 하나님이 우리의 말을 사용하셔서 듣는 사람이 흥미를 잃지 않고, 점점 더 공감하며, 무딘 감각에서 깨어나고, 말씀을 더 강하게 느끼도록 도우시길 바라며 겸손하게 그리스도를 높이는 것이라고 주장한다.

마크 드리스콜

드리스콜은 목자가 교회 안팎 사람들을 대하는 세 가지 방식이 성경에 구체적으로 제시되었다고 주장한다. (1) 목자는 양 떼를 먹여야 한다(양 떼란 그리스도인들, 선한 목자이신 예수님의 양 떼를 말한다). (2) 목자는 돼지를 꾸짖어야 한다(돼지란 하나님을 예배한다고는 말하지만, 회개하지 않고 더러운 죄 가운데 뒹굴며 사는 사람들을 말한다). (3) 목자는 늑대를 처치해야 한다(늑대란 이단과 거짓 선생을 비롯해 양 떼를 약탈하고 잡아먹는 자들을 말한다). 또한 양 떼에 속한 사람들은 자신의 목자인 사역자를 위해 기도하되, 분별력과 꿋꿋함과 좋은 유머 감각과 부드러운 마음과 겸손한 태도와 응원하는 가족과 복음에 대한 열정을 주시도록 기도해야 한다.

대니얼 테일러

테일러는 그리스도인이 성실한 믿음 생활을 하기 위해 가장 좋은 방법을 소개한다. 그것은 자신이 이제껏 없던 놀라운 이야기의 주인공이 되는 것이다. 단순히 성경의 진리를 믿을 뿐 아니라 성경의 핵심 이야기를 자신의 이야기로 만드는 것이다. 훌륭한 이야기의 중심에는 예외 없이 어려운 결정을 내리는 인물이 있다. 그 결정이 어떤 결과를 초래할지 불확실한데도 말이다. 그러므로 믿음의 이야기가 어떻게 필연적으로 우리 삶의 방식을 빚는지 알아야 한다. 테일러는 이 모두를 자신의 몇 가지 이야기로 설명하며, 하나님으로부터 와서 다음 세대에 물려줘야 할 이야기들을 보여 준다.

밥 코플린

코플린은 찬양과 말씀의 관계를 기준으로 그리스도인들을 크게 세 부류로 나눈다. (1) 찬양이 말씀을 대신한다고 여기는 사람, (2) 찬양이 말씀을 약화시킨다고 여기는 사람, (3) 찬양이 말씀을 돕는다고 여기는 사람이다.

　여기서 세 번째 패러다임은 세 가지 의미를 내포한다고 말한다. (a) 찬양은 말씀을 기억하는 데 도움이 된다. 이것은 효과적인 멜로디를 사용해야 하고, 하나님이 기억하라고 하시는 가사를 찬양해야 하며, 찬양의 가사를 외우려고 노력해야 한다는 뜻이다. (b) 찬양(노래)은 감정을 말로 담아내는 데 도움이 된다. 이것은 찬양을 부를 때 폭넓은 감성이 필요하며, 찬양이 하나의 감성적 행위여야 한다는 뜻이다. (c) 찬양은 우리의 하나 됨을 말로 증명하고 표현하는 데 도움이 된다. 분열시키는 것이 아니라 하나 되게 하는 찬양을 불러야 한다. 이것은 교회에서 음악적 창의성은 기능적 한계가 있고 음악이 아니라 복음이 우리를 그리스도 안에서 궁극적으로 하나 되게 한다는 점을 인정한다는 뜻이다.

우리의 기도

모세는 이스라엘 백성 앞에서 이렇게 시작되는 찬양을 불렀다.

　하늘이여 귀를 기울이라 내가 말하리라
　땅은 내 입의 말을 들을지어다
　내 교훈은 비처럼 내리고

내 말은 이슬처럼 맺히나니

연한 풀 위의 가는 비 같고

채소 위의 단비 같도다

내가 여호와의 이름을 전파하리니

너희는 우리 하나님께 위엄을 돌릴지어다(신 32:1-3).

이 찬양이 이 책을 위한 우리의 기도이기도 하다. 크고 영화로우
신 하나님이 불완전한 말을 은혜롭게 사용해 우리를 가르치며 준비
시키시도록, 그래서 생명을 주는 말로써 그분의 이름을 높이고, 교회
를 세우며, 잃은 자를 예수 그리스도의 복음으로 인도하길 기도한다.

1

말의 전쟁

우리 마음을 다스리는 자가
말도 다스린다

폴 트립 Paul David Tripp

'폴 트립 미니스트리'(Paul Tripp Ministries)의 대표로 미국과 전 세계를 다니며 강연하고 있다. 필라델피아의 텐스장로교회(Tenth Presbyterian Church) 목사이면서 도심선교회(Ministry to Center City)를 지도하고 있다. 이 책의 주제와 가장 관련이 깊은 《영혼을 살리는 말 영혼을 죽이는 말》을 비롯하여 《돈과 영성》, 《이끎》, 《폴 트립의 은혜 묵상》 등을 저술했다. 가족으로는 아내 루엘라와 장성한 네 자녀가 있다.

나는 당신에 대해 아는 것이 거의 없다. 그러나 다음 세 가지는 알고 있다.

우리는 모두 말의 전쟁터 안에 있다

1) 당신은 말을 한다

첫째, 난 당신이 말을 한다는 것을 안다. 개중에는 말이 적거나 많은 사람들도 있고, 어떤 사람들은 좀처럼 입을 다물지 못하지만 우리 모두는 매일 말을 한다. 그렇다. 의식하지는 못해도 우리의 삶은 매순간 말로 가득 차 있다. 그리고 모든 순간은 말에 영향을 받는다. 우리는 말이 많은 사람들이다.

말만큼 일상생활에 크게 영향을 미치는 요소를 찾기란 매우 어려울 것이다. 그러나 나는 말에 관해 생각하거나, 설교를 하거나, 글을 쓸 때마다 약간 좌절감을 느낀다. 소통과 관련하여 우리가 쓰는 어휘들, 곧 말(words)이나 이야기(talk), 대화(dialogue), 대담(conversation),

소통(communication) 같은 용어들이 말이 지니는 의미나 중요도를 제대로 전달하지 못하는 것 같아서다.

그렇다면 우리 삶에서 말이 얼마나 심오한 의미를 가지고 있는지 생각해 보자. 가장 먼저 인정해야 할 사실은, 최초의 말이 인간이 아닌 하나님의 입에서 나왔다는 것이다. 내가 가장 확실하게 하나님을 닮은 점은 그분처럼 나도 말을 한다는 것이다. 바로 여기서 이야기를 시작해야 한다. 그렇지 않으면 말이 얼마나 중요한지 절대로 이해할 수 없다. 말이 우리에게 속했다고 여기면 우리는 어려움을 피할 피난처를 잃는 것과 같다. 실제로 우리가 내뱉은 말은 한마디도 우리에게 속하지 않았다. 그것은 하나님께 속해 있다. 우리는 말을 그다지 중요하게 여기지 않는다. 단지 삶을 더 쉽고 효율적으로 만드는 도구일 뿐이라고 생각한다. 그러나 실제로 말은, 소통하시는 하나님이 당신의 목적을 이루기 위해 우리에게 주신 가장 강력한 선물이다.

우리 모두는 말이 그다지 중요하지 않다는 속임수에 빠져 있다. 삶의 하찮은 일상이 모두 말로 채워져 있기 때문이다. 그러나 실은 그 이유 때문에 말이 중요해진다. 당신의 감정을 건드릴 의향은 없지만 진실을 말하자면, 당신이 평생 살아오면서 큰 결정을 내리는 순간은 불과 서너 차례에 지나지 않는다. 그리고 대부분의 인생들은 역사에 기록되지 않는다. 당신이 죽은 후 수십 년이 지나면 사람들은 당신이 무슨 일을 했는지조차 기억하지 못할 것이다. 솔직히 우리의 삶은 매우 하찮다. 만약 하나님이 그 하찮은 삶을 다스리지 않는다면 우리 존재는 한 없이 작아지고 말 것이다. 하찮은 부분, 그곳이 바로 우리 삶의 자리다.

잠언은 여러 면에서 말에 관한 소논문과 같다. 그것을 간단하게 요약하면 이렇다. "말은 생명을 주기도 하고 죽음을 초래하기도 한다. 선택은 당신에게 달렸다." 무슨 뜻인가? 우리가 내뱉는 말은 한마디도 중립적이지 않다는 의미다. 우리가 내뱉는 모든 말에는 방향성이 있다. 격려나 희망, 사랑, 평화, 일치, 교훈, 지혜, 교정의 말은 생명으로 향한다. 분노나 악의, 비방, 질투, 험담, 분열, 멸시, 인종차별, 폭력, 판단, 정죄의 말은 죽음으로 향한다. 대화하면서 어떤 말을 들을 때 우리는 반드시 고귀하고 거룩하며 의미 있고 중요한 무언가를 들어야 한다. 하나님이 도우서서 중요하지 않은 말은 결코 돌아보지 않게 하시기를.

2) 가장 슬픈 순간과 가장 기쁜 순간이 모두 말과 관련 있다

내가 당신에 관해 아는 두 번째 사실은 이것이다. 지금껏 당신이 겪었던 가장 슬픈 순간과 가장 기쁜 순간이 모두 말과 관련이 있다는 것이다. 나는 서서 말을 하거나 앉아서 글을 쓸 때, 내 뒤에 수많은 신앙의 증인들이 있음을 느낀다. 내가 주님의 방식에 관해 깨닫고 말하며 생각할 수 있는 것은 모두 이들 덕분이다. 이들은 영광스럽고 훌륭한 진리를 내 귀에 들려주었다. 그 진리가 내 마음을 파고 들어 나의 모든 삶을 바꿔 놓은 것이다. 이들의 말은 하나님의 선물이다. 이 선물을 주신 하나님께 영원히 감사하고 싶다.

나는 가끔 3-40대, 혹은 50대의 성도들과 마주 앉아 대화를 나누곤 한다. 이들 중 몇 명은 수십 년 전 자신의 부모로부터 들었던 끔찍한 말들을 지금의 내게 털어놓는다. 일 년 전에 들었던 말을 마치 어제의 일처럼 떠올리며 눈물을 흘리기도 한다. 그때마다 나는 악한 말이 지닌 영향력과 질긴 생명력에 새삼 놀라게 된다.

한편, 자기 아이가 처음 내뱉을 말을 기다리는 흥분의 시간도 있다. 아기가 무어라 옹알대며 아장아장 걸어올 때 아빠는 아내에게 소리친다. "여보, 우리 애가 '장 칼뱅'이라고 말한 것 같아! 틀림없어! 분명히 '장 칼뱅'이라고 했어!" 물론 주관적인 것이겠지만 그래도 부모는 기대와 흥분으로 가득하다.

그렇게 보면 삶에서 한 인간의 침묵만큼 슬픈 것도 없다. 사랑하는 어머니를 떠나보내던 순간이 아직도 내 눈에 선하다. 사실 우리 가족들은 어머니를 떠나보낼 준비를 적잖이 했다. 어머니가 한동안 아프셨기 때문이다. 어느 날, 우리는 어머니 곁에 모였고 모두들 이것이 마지막임을 알았다. 감사하게도, 우리는 마지막 한 주간을 어머니 곁에서 보낼 수 있었다. 우리 가족들은 아는 찬송이란 찬송은 모두 불렀다. 결국 아는 찬송이 동나고 말았을 때 내가 어머니 귀에 대고 속삭였다. "어머니, 이제 아는 찬송이 없네요. 비틀즈 노래라도 불러드릴게요." 어머니는 싱긋이 웃으셨다. 우리 딴에는 마음의 준비를 했는데도, 우리는 어머니가 침묵에 빠져드는 순간을 맞을 준비가 되지 않았다. 그 순간은 무섭고 비인간적이었다. 나는 "얘야, 사랑한다!"는 말을 한 번만 더 듣고 싶었다. 끝내지 못한 수많은 대화도 마무리하고 싶었다. 하고 싶은 말이 너무 많았고, 듣고 싶은 말도 너무 많았다. 그러나 어머니는 끝내 침묵을 깨지 못하셨다.

알다시피 인간에게 말은 정말 매우 소중하다. 말은 인간이 하나님을 닮은 부분이며 삶에서 가장 슬픈 순간과 가장 기쁜 순간과 연관되어 있다.

3) 말의 세계는 혼돈의 세계다

마지막으로 알려줄 사실은 당신의 말의 세계가 혼동 가운데 있다는 것이다. 이것을 아는 이유는, 내가 당신을 알아서가 아니라 나 자신을 잘 알기 때문이다. 나는 말에 관한 전문가가 아니다. 순간순간 주님이 베푸시는 은혜가 필요한 인간일 뿐이다. 이 글을 읽고 있는 당신 역시 나와 똑같은 처지일 것이다. 만약 자신이 지난달에 내뱉은 모든 말을 녹음해서 사람들 앞에 들려주자고 하면 그것을 기분 좋게 여길 사람이 있을까? 아마 한 사람도 원하지 않을 것이다.

아내 루엘라와 내가 결혼한 지 벌써 37년이 지났다. 그 동안 우리 부부는 좀 특별한 싸움을 해왔다. 바로 시간에 관한 문제인데 실은 나와의 싸움이라 표현하는 것이 더 정확할 것 같다. 아내는 쿠바에서 자라서인지 섬나라와 남미식의 시간관념을 가지고 있다. 사람들이 섬에 가는 이유가 느긋하게 시간을 즐기고 싶어서이듯 아내는 다른 사람들보다 조금 느리게 산다. 반대로 나는 한 인간의 가치를 재는 척도가 시간 준수라고 생각하는 아버지 밑에서 자랐다. 시간을 지켜야 살아남기에 우리 가족에게 시간 준수는 일종의 싸움이었다. 절대 과장이 아니다.

그래서 우리 부부에게는 시간과 관련된 말다툼이 많았다. 아이들이 어렸을 때다. 우리는 주립공원으로 소풍을 가기로 했다. 예정된 출발 시간은 오후 세 시였다. 나에게 시간은 메디아와 페르시아의 법처럼 절대 어겨서는 안 되는 것이었다. 하지만 아내는 달랐다. 아내에게 시간은 그렇게 팍팍한 것이 아니었다. 예정된 시간을 지나 3시 15분이 됐고, 준비는 여태 끝나지 않았다. 나는 슬슬 짜증이 나기 시작했다. 그러자 아내는 내게 아주 기본적인 사실을 알려주며 나를 안정시켰다. 사실 공원에 예약을 해 둔 것도 아니었다. 우리가 조금 늦는다고 공원 테이블이 없어질 일도 없고, 호수 물이 사라지거나, 잔디나 나무가 없어질 리도 없었다.

위의 이야기가 이제 말하려는 특별한 상황을 이해하는 데 도움이 될 것이다. 어느 부활절 아침이었다. 자녀를 키우는 부모라면 누구나 공감하듯이 주일 아침은 일주일 중 가장 바쁜 시간 가운데 하나다. 주일 아침, 우리는 종종 아이들을 자동차에 밀어 넣으며 이렇게 말한다. "자, 모두 입 다물고! 이제 예배드리러 간다." 하지만 그날은 평범한 주일이 아닌, 부활 주일이었다. 우리 교회는 부활을 축하하기 위해 전 교인이 잘 차려진 아침 식사를 함께한 후에 예배를 드린다(이것이 부활을 축하하는 좋은 방법이라고 결정한 것에 대해서는 이해하기 힘들지만). 따라서 평소보다 한 시간 일찍 일어나 집을 나서야 했다.

출발해야 할 시간이 가까워지는데 아내와 아홉 살짜리 아들은 방에서 여전히 준비 중이었다. 나는 여태 어떤 옷을 입을지 결정하지 못한 아내에게 한마디 던졌다. "여보, 우린 부활절 저녁식사가 아닌 아침을 먹으러 가는 거요." 나는 아내에게 나머지 아이들이 차에서 기다린다고 재촉했다. 그리고 장로인 내가 햄과 계란보다 먼저 교회에 도착해야 하며, 그것이 내 사역에 매우 중요하다고 일러 주었다.

그때 아홉 살짜리 아들이 입을 열었다. "아빠, 할 말이 있는데… 해도 될까?" 그때 말렸어야 했는데…. "물론이지. 말해 보렴!" 그러자 아들이 말했다. "아빠는 그리스도인 남편이 아내에게 그런 식으로 말해야 한다고 생각해?" 나는 이런 대화에 꽤 일가견이 있다. 그래서 상황을 모면하려고 아들에게 말했다. "넌 어떻게 생각하니?" 어린 아들은 조금도 주저 없이 말했다. "아빠, 내가 어떻게 생각하느냐는 안 중요해! 하나님이 어떻게 생각하실까?" 작은 믿음의 마음에서 나오는 말이었다. 한 방 제대로 얻어맞고 비틀거리며 방을 나왔다.

곧 이어 몇몇 생각이 떠올랐다. 먼저는 교만이 고개를 쳐들었다. 아들에게 영웅이 되고 싶었는데 오히려 정신이 아찔할 정도로 얻어맞은 기분이었다. 아들은 아빠의 거친 말투를 꿰뚫어 보고는 그런 말을 듣고 있는 엄마를 생각하며 속이 상했던 것이다.

잠시 후 아들이 던진 질문이 머릿속을 가득 채웠다. 하나님이 우리 가정의 이처럼 하찮은 순간에도 신경을 쓰신다니. 지구상의 한 나라, 그 나라의 한 주, 그 주의 한 도시, 그 도시의 한 동네, 그 동네의 한 거리에 사는 한 가족의 일일 뿐인데, 그것도 한 해 가운데 한 달, 한 달 가운데 한 주, 한 주 가운데 하루, 하루 가운데 아침, 아침 가운데 한순간에 지나지 않은 순간인데, 하나님은 그 순간 사랑으로 거기 계셨다. 하나님은 나를 얼마나 사랑하셨던지 아홉 살짜리 아들을 세워 내 마음을 구해 주셨다. 내 작은 뇌로 이해하지 못할 너무나 놀라운 사랑이다.

이 사랑은 구원이라는 한순간의 커다란 사랑뿐 아니라 우리 일상의 은밀한 구석을 파고든다. 이 사랑은 숨겨진 조용한 순간, 어느 날 방에서 맞이한 사소한 순간에까지 파고든다. 따라서 말의 혼란한 세계를 두려운 마음으로 들여다보지 않아도 된다. 예수님이 계시기 때문이다. 그분이 우리의 구주이시다.

말의 전쟁터

당신에게 묻고 싶다. 우리가 내뱉는 말의 문제는 무엇이며, 어려운 점은 또 무엇일까? 왜 모든 사람이 말 때문에 곤경에 처하며 '그런 말은 하지 말걸' 하고 후회하게 되는 것일까? 과거를 돌아보면 누구에게나 지우고 싶은 대화가 있을 것이다. 함께 대화를 나누었던 이들의 기억 속에서 그 말만 지울 수 있다면 하고 후회하는 말들 말이다. 나는 아이들과 아내에게 했던 모든 말이 자랑스럽다고 말할 수 있기를 바란다. 그러나 현실은 전혀 그렇지 못하다. 그렇다면 "우리의 말은 무엇이 문제일까?"

이 물음에 답하기 전에, 대답의 기초가 되는 성경을 잠시 살펴보자. 대부분 알고 있듯이, 성경은 주제별로 정렬된 책이 아니다. 어쩌면 이 사실이 거슬리는 사람도 있을 것이다. 만약 성경이 주제별로 배열되고, 옆구리에 주제 색인까지 붙어 있다면 얼마나 좋았을까? 그러면 적절한 성경 구절을 찾기가 한결 쉬울 테니 말이다. 그러나 성경이 지금처럼 배열된 이유는 하나님이 당신의 말씀을 지금과 같은 형태로 주려고 뜻하셨기 때문이다. 성경은 본질적으로 하나의 이야기이며 웅장한 구원의 서사다. 더 정확히 말해 신학적 주석과 하나님의 각주가 달린 이야기책이다.

이와 더불어 성경에는 '명제'와 '원리'도 있다. 명제란 이야기의 틀(plot, 구성)을 이해하도록 돕는 진리 진술이며, 원리는 우리가 삶에 적용할 수 있도록 이 틀 안에서 놓여 있는 하나님의 이야기다. 하나님이 당신의 말씀을 이런 방식으로 주신 데는 이유가 있다. 곧 우리가 '하나님의 이야기 정신'(God's story mentality)으로 살도록 원하시기 때문이다. 다시 말해 모든 상황과 관계 가운데서 이 이야기의 틀과 일치하는 방식대로 살아야 한다는 뜻이다. 하나님이 우리에게 말씀을 주신 목적은 단순히 정보 제공 차원이 아니다. 오히려 변화의 차원, 우리가 사는 방식을 바꾸기 위함이다.

성경에서 뜻이 명확한 구절만 보고 그친다면, '말의 세계'에 관한 내용은 대부분 놓치고 말 것이다. 모든 성경 구절이 하나님의 본성인 은혜, 인간의 본성인 죄, 타락한 세상을 사는 우리 삶의 본성, 구속의 과정을 보여 주는 듯이 '말의 세계'를 이해하도록 돕는 정보를 제공하기 때문이다.

누가복음 6장 43-45절에서 시작하면 가장 좋다.

> 못된 열매 맺는 좋은 나무가 없고 또 좋은 열매 맺는 못된 나무가 없느니라 나무는 각각 그 열매로 아나니 가시나무에서 무화과를, 또는 찔레에서 포도를 따지 못하느니라 선한 사람은 마음에 쌓은 선에서 선을 내고 악한 자는 그 쌓은 악에서 악을 내나니 이는 마음에 가득한 것을 입으로 말함이니라.

주님은 여기서 의미심장한 말을 하신다. 곧 우리가 마음에서 나오는 것으로 산다고 가르치신 것이다. 여기서 '마음'(heart)이라는 단어는 무엇을 의미할까? 성경은 본질적으로 사람을 두 부분으로 나눈다. 겉 사람과 속사람이다. 겉 사람은 우리의 육체로, 이 땅에 사는 동안 마음이 거하는 집이다. 땅의 옷이라 불러도 무방하다. 속사람에 대해서는 지성(mind), 감성(emotion), 영(soul), 혼(spirit), 뜻(will)과 같은 다양한 용어로 표현된다. 이 모든 용어를 하나로 요약한 것이 마음이다. 마음이라는 용어는 성경에 천여 번 이상 등장한다.

성경이 말하는 마음이란 우리 인성의 고갱이를 의미한다. 마음은 한 사람의 방향 체계다. 곧 그의 운전대다. 누가복음의 이 단락은 경험이 행동에 영향을 미치나 그것이 행동을 결정하는 것은 아니라고 가르친다. 우리의 행동은 외부의 상황이나 관계에 어떻게 반응하는지, 또 서로 어떤 영향을 미치는지에 따라 형성되고 결정된다.

예수님은 누가복음의 단락에서 놀라운 예를 드신다. "마음에 가득한 것을 입으로 말함이니라"(45절). 이 말씀을 잠시 생각해 보자. 확신하건대 그 누구도 이 말씀을 진심으로 믿고 싶지는 않을 것이다. 우리는 종종 이렇게 말하곤 한다. "그렇게 말하려던 의도는 아니었어요." 그러나 실은 이렇게 말하는 것이 더 성경적일 것이다. "제가 의도적으로 한 말을 용서해 주세요." 어떤 말이든 먼저 마음에 있지 않았다면 입 밖으로 나올 수 없기 때문이다.

나의 어머니는 대공황 시대에 형제자매가 열이나 되는 집에서 자라셨다. 외가는 오늘날로 치자면 고전적인 역기능 가정이었다. 가족 구성원들은 서로를 그다지 좋아하지 않았지만 가족 모임만큼은 꼬박꼬박 챙기는, 마치 모래 알갱이들 같았다.

가족들이 모일 때는 넓은 홀에 마치 전쟁 중인 나라들이 대치하듯 자리를 잡고 앉았다. 모임의 중심에는 푸짐한 음식이 있었는데 각자 자신이 가장 잘하는 요리를 해왔다. 식사가 끝나면 미국을 잠기게 할 만큼 엄청난 술이 나왔고, 모인 사람들은 아주 거칠어지곤 했다.

부모님은 늘 식사가 끝나자마자 돌아오셨다. 부모님은 우리에게 어떻게 식사를 하는지, 이모와 외삼촌과 사촌에게 어떻게 인사하는지, 분위기가 농익기 전에 어떻게 빠져 나오는지 가르쳐 주셨다.

한번은 어머니가 가족 모임에서 이모들에게 전도를 했는데, 한 외삼촌이 심하게 취한 사실을 미처 모르고 계셨다. 외삼촌은 내 동생 마크와 내가 있는 방에서 음담패설을 늘어놓으셨다. 이 상황을 파악하신 어머니는 마크와 나를 잡아채더니 자동차에 밀어 넣으셨다. 지금도 그 기억이 생생하다. 발이 계단에 닿을 새도 없었다. 어머니는 시동을 걸려다 마시고 우리를 돌아보며 이런 말씀을 하셨다. "폴, 마크, 너희에게 할 말이 있다. 엄마가 하는 말 절대로 잊지 마라." 어머니의 말씀은 실제로 이 단락의 멋진 요약이었다. "취한 사람의 입에서 나오는 말은 전부 그 사람 속에 있는 거란다."

외삼촌의 입에서 나오는 음담패설은 술 때문이 아니었다. 외삼촌은 제정신일 때도 음탕한 생각을 하셨던 거다. 술은 단지 그 입술을 풀어 주었을 뿐이다. 술에 취하자 마음에 있던 것이 밖으로 나온 것이다. 이것을 알아야 한다. 말의 문제는 마음의 문제다. 그것은 어휘나 기교의 문제가 아니다. 본질적으로 마음의 문제다.

주님은 이 진리를 깨닫게 하려고 놀라운 예를 드신다. 어떤 나무가 사과나무인지 알아보는 가장 좋은 방법이 무엇일까? 그 나무가 사과라는 열매를 맺는지 보면 된다. 만약 사과를 맺으면 그 나무는 뿌리부터 잎사귀까지 사과나무다. 하지만 사과나무가 아니라면 절대로 사과가 열리지 않는다. 복숭아를 심었는데 사과가 열릴 리 없다. 주님이 강조하는 심오한 핵심을 놓치지 말라. 예수님은 유기적 일관성의 원리를 가르치신다. 마음과 입에서 나오는 말 사이에는 유기적인 관련이 있다.

문제의 원인을 솔직하게 고백하자

당신은 어떨지 모르겠지만 난 그렇게 믿고 싶지 않다. 소통에서 진짜 문제는 내부가 아닌 외부에 있다고 믿고 싶다. 아이들이나 아내, 이웃이나 상사가 문제라고 생각하고 싶다. 나의 가장 큰 문제, 가장 깊은 문제는 나의 내부가 아닌 외부에 있다고 생각하고 싶다. 그러나 이것은 매우 위험한 이단적 사고이다.

우리 삶에서 가장 깊고 큰 문제는 항상 내부에 있다. 문제의 원인이 외부에 있다고 믿으면, 우리는 진정한 변화를 일으키는 주 예수 그리스도의 은혜를 구하지 않게 된다. 슬프게도 대부분의 사람들은 이러한 핑계를 대며 자신의 양심을 무디게 한다. '내가 그렇게 말한 것은 그 사람이 먼저 나에게 그런 식으로 말(행동)했기 때문이야.' '문제는 내가 아니라 그들이라고.' 어머니도 종종 이런 반응을 하셨던 것 같다. "폴, 성경에는 '유순한 대답은 분노를 쉽게 하여도 과격한 말은 노를 격동하느니라'라고 쓰여 있지만, 그 구절을 쓴 사람은 분명 너희들 같은 애들이 없었을 거야."

나와 함께 다음과 같이 고백할 준비가 되었는가? "소통과 관련하여, 가장 큰 문제는 바로 나 자신입니다. 가장 큰 어려움, 가장 큰 위험, 모든 사람이 날마다 빠지는 덫은 항상 나의 바깥이 아니라 내 안에 있습니다."

나무 이야기로 돌아가 보자. 만약 우리 집 뒤뜰에 사과나무가 한 그루 있다고 하자. 그 나무에 매년 갈색 사과가 열리는데 딱딱하게 말라 도저히 먹을 수가 없다. 아내는 그 나무를 볼 때마다 화를 내며 소리친다. "여보, 먹지도 못할 사과만 열리는데, 이 사과나무를 계속 그냥 둘 거예요?"

나는 잠시 생각에 잠긴다. 사랑하는 아내를 돕고 싶다. 그래서 한참 고민하다가 아내에게 말한다. "여보, 좋은 생각이 있소. 사과나무를 고칠 수 있을 것 같아."

아내는 어리둥절하면서도 잔뜩 기대를 건다. 토요일 아침, 나는 큰 사다리, 전지가위, 빨갛고 맛있어 보이는 사과가 주렁주렁 달린 가지 셋을 옮긴다. 그리고는 사다리에 올라가 먹을 수 없는 사과들을 아주 조심스럽게 잘라 내고는 빨갛고 맛있어 보이는 사과들을 나무 둘레에 정성껏 매단다. 멀리서 보면 금세기 최고의 원예사가 온 줄로 착각할 것이다. 그러나 아내의 눈에는 어떨까? "우리 남편이 정신이 이상해진 게 분명해."

매달아 놓은 사과들은 어느 정도 시간이 지나면 썩게 된다. 생명을 주는 나무에 붙어 있지 않기 때문이다. 더 중요한 것은 그 다음해도 여전히 마르고 쭈글쭈글하며 먹지 못하는 갈색 사과가 열릴 것이라는 사실이다. 사과나무에 유기적인 변화가 없었기 때문이다. 사과나무가 매년 그런 열매를 내놓는다면, 그 나무는 뿌리부터 잘못된 것이 분명하다.

이 강력한 밑그림을 말의 세계에도 적용해 보자. 사람들이 소통을 원활하게 하려는 많은 시도들은 방금 전 내가 사과를 매다는 일과 별반 다르지 않다. 여기에는 내면에서 벌어지는 마음의 전쟁을 이해하고 고백하는 에너지가 없다. 우리들의 문제는 타인이나 상황, 환경에 있는 것이 아니라 마음에 있다. 우리와 함께 살고 있는 흠 많은 이웃들과 타락한 세상을 탓해서는 안 된다. 우리는 모두 우리의 구속자 앞에 서서 겸손하게 인정해야 한다. 소통에 있어서 가장 큰 문제는 바로 자신이라고 말이다. 그럴 때 변화를 향해 나아가게 된다.

내가 원하는 대로!

고린도후서 5장 15절은 마음의 전쟁에 대해 가장 간략하면서도 분명하게 보여 주는 구절이다. 바울은 자신의 사역을 설명하고 변호하면서 이 짧은 구절을 적고 있다. "그가[예수께서] 모든 사람을 대신하여 죽으심은 살아 있는 자들로 하여금 다시는 그들 자신을 위하여 살지 않고….” 죄가 우리에게 미치는 끔찍한 영향은 우리로 오직 자신만을 향하게 하는 것이다. 그래서 우리 삶을 딱 그만큼의 크기로 오그라뜨린다. 그렇게 되면 자신의 바람, 자신의 필요, 자신의 감정에만 집착하게 된다.

죄는 근본적으로 반사회적이다. 그것은 다른 무엇보다 자신을 더 사랑하게 만들고 자신만 살피게 만든다. 나 자신이 무엇을 어떻게 원하는지, 언제, 어디서, 왜 원하는지, 누가 해주길 원하는지에만 집착하게 한다. 죄는 항상 우리 안에서 외친다. “나는 …를(을) 하고 싶어, 나는 …를(을) 가지고 싶어, 일이 내가 원하는 대로 되었으면 좋겠어, 나는 …를(을) 하고 싶어, 나는 …를(을) 가지고 싶어, 일이 내가 원하는 대로 되었으면 좋겠어(핵심을 파악했는가?).”

죄는 밑 빠진 항아리에 물 붓기 식의 요구를 계속하게 한다. 밑이 없는 소원의 항아리, 권리 주장의 항아리에 욕망의 물을 들이붓는 것이다. 이것이 우리의 현실이 아니길 바라지만 실은 엄연한 실제 모습이다.

왜 나는 운전대만 잡으면 짜증이 날까? 모두가 낸 세금으로 만든 도로를 달리면서도 다른 사람들은 이곳을 이용하지 않았으면 하고 바라기 때문이다. 왜 나는 아이들이 집을 엉망으로 만들면 화를 낼까? 아이들이 스스로 부모 노릇까지 하며 자라길 바라기 때문이다.

나는 내가 말할 때 아이들이 이렇게 대답하길 원한다. “네, 아빠.

물론이에요. 역시 우리 아빠예요. 아빠는 참 지혜로우세요." 그리고 이렇게 말하는 아내를 원한다. "여보, 당연히 당신이 맞아요. 당신은 언제나 옳아요. 그런 당신과 함께해서 너무 행복해요." 또한 나는 내 손닿는 곳에 항상 초콜릿이 놓여 있으면 좋겠다. 안타깝게도 내 삶은 종종 "내가 원하는 대로, 내 식대로, 내 뜻대로"의 수준으로 추락하고 만다.

나는 눈에 약간의 문제가 있다. 밝기 변화에 빠르게 적응하지 못해서 밤이 되면 잘 보이지 않는 것이다. 그래서 밤에 운전하는 것이 약간 위험하다. 이 때문에 아내는 지금까지 나의 기사 노릇을 하고 있다. 아내는 이런 식으로 나를 섬기는 것을 싫어하지 않는다. 내게는 과분한 복이다. 솔직히 난 그런 사랑이나 섬김을 받을 자격이 없다.

한번은 아내가 운전하는 차를 타고 목적지로 향하고 있었다. 자동차가 어느 지점에 이르렀다. 나라면 우회전을 했을 텐데, 아내는 직진을 했다. 난 가만히 있지 못하고 아내에게 물었다. "여보, 우회전을 했어야지."

아내가 대답했다. "난 이 길로 다녀요."

내가 다시 말했다. "길을 잘못 든 것 같은데."

"여보, 맞느냐 틀리느냐의 문제가 아니에요. 단지 취향의 문제죠."

아내는 매우 논리적으로 설명하며 이야기했다. 나는 가만히 있지 못하고 또 말했다. "내 취향이 맞으면 어떻게 할 거요? 두 점 사이의 최단거리는 직선이잖아."

아내가 말했다. "그래서 우회전을 안 했어요." 그리고 한마디 덧붙였다. "여보, 이렇게 하는 게 좋겠어요. 당신이 운전할 때는 당신 마음대로 가고, 내가 운전할 때는 내가 선택할게요."

그런데도 나는 가만히 있지 못하고 다시 아내에게 말했다. "여보, 헬리콥터를 타고 필라델피아 상공을 날아본다면, 내 말이 맞다는 걸 알 거요."

아내는 나를 진지하게 쳐다보며 말했다. "여보, 지금 당신에게 필요한 건 헬리콥터가 아닌 것 같은데요."

내가 원하는 대로! 내 식대로! 내 뜻대로! 나는 내가 정한 나만의 작은 세상에 갇혀 사는 것 같다. 그러나 사실 난 이렇게 살도록 계획되지 않았다. 영광스럽고 높은 하늘나라, 곧 내가 원하는 모든 것을 초월한 위대한 하나님 나라에서 살도록 창조되었다. 내 삶은 내가 바라는 바가 아닌, 그분이 바라는 바에 지배되도록 설계됐다. 그런데도 나는 내 작은 나라에서 살려고 할 뿐 아니라 주변 사람들을 징집해 내 나라를 섬기게 하려고 한다.

이것은 비단 나 혼자만의 이야기가 아닐 게다. 매우 전형적인 가정의 저녁시간을 들여다보자. 밤 10시 30분이다. 분명 9시에 아이들을 잠자리에 눕혔는데 녀석들이 침대에서 싸우고 있다. 당신은 쿵쿵 발소리를 내며 아이들 방으로 향한다. 그 순간 어느 누구도 이렇게 말하지는 않을 것 같다. "오, 주님, 하나님 나라의 일을 할 수 있는 멋진 기회를 주시니 감사합니다." 대신 이렇게 말할 것이다.

"아직까지 잠도 안 자고 싸움질이라니 다 죽었어!" 그리고 아이들 방으로 들어가 말한다. "아빠가 하루 종일 어떻게 살았는지 아니? 하루 종일 뭘 하고 왔는지 알기나 하냐고? 길게 말하지 않겠다. 은혜도 모르는 녀석들! 너희들이 좋은 옷을 입고 맛있는 음식을 먹고 사는 게 모두 누구 덕인지 알아? 크리스마스 때마다 행복할 수 있는 게 누구 덕인지 아느냔 말이야!"

당신이 이렇게 소리를 지를 때 아이들은 속으로 어떤 생각을 할까? '아주 좋은 말씀이에요. 아빠는 정말 지혜로워요. 죄송해요, 반성할게요.' 오호, 아니다. 아이들은 불쑥 나타난 아빠로부터 아무것도 배우지 못할 뿐 아니라 아빠가 어서 빨리 퇴장해 주길 바랄 것이다.

이 순간 당신 마음에 솟구치는 감정을 들여다보자. 당신은 아이들이 하나님 나라의 법을 어겼기 때문에 화를 내는 것이 아니다. 만약 이런 이유로 화를 냈다면 방향이 전혀 달라진다. 그것은 은혜의 분노이자 지혜의 분노이며, 교훈의 분노다. 그런데 당신이 그토록 화를 내는 이유는 다른 데 있다. 아이들이 당신 나라의 법을 어긴 것이다. 당신 나라에서는 9시면 잠을 자야 하는데 말이다. 당신의 분노와 그것을 표현하는 추한 말에 대해 솔직해지기 바란다. 그렇다면 당신이 일상 속에서 표현하는 분노는 하나님 나라와 어떤 관련이 있을까?

내 나라를 위해서 vs 하나님 나라를 위해서

갈라디아서 5장은 이 부분을 살펴보는 데 매우 유익하다. 두 나라 간의 전쟁, 곧 '내 나라'와 '하나님 나라' 간의 전쟁이 이 작은 단락에서 펼쳐진다. 이 말씀은 복음에 관한 바울의 논의를 우리 삶에 어떻게 적용시켜야 하는지 잘 보여 주고 있다.

형제들아 너희가 자유를 위하여 부르심을 입었으나 그러나 그 자유로 육체의 기회를 삼지 말고 오직 사랑으로 서로 종노릇하라 온 율법은 네 이웃 사랑하기를 네 자신같이 하라 하신 한 말씀에서 이루어졌나니 만일 서로 물고 먹으면 피차 멸망할까 조심하라(13-15절).

이 말씀이 주는 경고와 같이 거칠고, 추하고, 사랑 없고, 정죄하고, 불손하고, 이기적이고, 교만한 말은 성도의 언어가 아니다. 부정적이든, 긍정적이든 우리가 내뱉는 모든 말에는 힘이 있다. 따라서 이렇게 말해서도 안 된다. "그래요, 남편에게 가끔 소리도 질러요. 그래도 남편을 사랑하고 남편도 이것을 알아요." "오늘 아침 아이들에게 조금 심하게 대했습니다. 그래도 아빠가 자신들을 사랑한다는 걸 압니다."

바울은 우리 자신이 내뱉은 말의 열매를 조심하라고 경고한다. 그렇지 않으면 서로 물고 물려 피차 멸망하기 때문이다. 바울은 '관계'가 멸망한다고(파괴된다고) 말하지 않고 '사람'이 멸망한다고 했다.

악한 말은 사람들의 믿음을 짓밟거나 희망을 무너뜨릴 위험이 있다. 사람들의 정체성을 훼손하기도 한다. 타인에게 내뱉은 악한 말 때문에 그들의 마음에 어둠의 유산이 남아서는 안 된다. 우리의 말은 언제나 열매를 맺기 때문이다.

바울은 이 단락에서 상반된 두 생활 방식을 대비시킨다. 하나는 자신이 왕이 되어 자기 마음을 다스리며 자기 말을 빚는 생활이다. 바울은 이런 생활의 특징을 "육체의 기회를 삼는다"(indulge the sinful nature, 죄악 된 본성을 만족시킨다, NIV, 13절)라는 말로 표현하고 있다. 이것은 자신의 바람, 자신의 필요, 자신의 감정이라는 트랙을 달리는 삶이다. 결국 말은 욕망이 이끄는 곳으로 간다. 자신은 모를 수도 있으나 그런 사람은 욕망의 지배를 받고 산다. 더 나아가, 이것이 다른 사람들과의 관계 틀을 결정하게 되어 주변 사람들이 자신의 이기적인 욕망을 채워 주길 바란다.

앞에서 다룬 고린도후서 5장 15절 말씀을 기억하는가? 죄는 자신만을 향하게 하고, 자기 자신만을 위해 살게 하여 본질적으로 반사회적인 모습을 만들어 낸다. 자기 자신을 위해, 자신의 이기적 욕망을 채우기 위해서만 산다면 나의 삶과 관계된 주변 사람들을 비인간화하는 것이다. 상대방을 더 이상 하나님의 형상을 지닌 인격이나 애정과 섬김의 대상으로 보지 못하고 오로지 내가 원하는 바를 얻도록 도와주는 도구나 반대로 원하는 바를 가로막는 장애물로 여기게 되는 것이다. 자신이 원하는 바를 들어주면 친절하게 대하고 그것을 가로막으면 몰인정하게 대한다. 물론 친절하게 대한다고 해서 그들을 사랑하는 마음이 있다는 것은 아니다. 단지 상대방이 자신의 욕구를 채워 주었기 때문에 나오는 자기 사랑에서 비롯된 친절함이다.

하나님이 우리에게 한량없는 은혜를 베푸시는 목적은 더 좋은 것을 위해서다. 사도 바울도 우리가 이것을 깨닫기를 바란다. 은혜의 목적은 작고 폐쇄적인 '내 나라'가 잘 돌아가도록 하는 데 있지 않다. 이것을 깨닫는 것은 매우 중요하다. 하나님이 은혜를 베푸시는 목적은 변화를 일으키고 더 좋은 나라의 영광으로 부르시기 위해서다.

겸손히 자신을 낮추고 솔직해져 보라. 만약 지난 한 달 동안 자신이 했던 말을 녹음해서 듣는다면 어느 나라를 섬겼다고 결론 내릴 수 있을까? 자신의 요구나 기대, 권리에 집중하는 '내 나라'인가? 아니면 사랑과 정직과 격려와 섬김의 소리로 채워진 '하나님 나라'인가?

바울은 "온 율법은 …하신 한 말씀에서 이루어졌나니"라고 말한다(14절). 당신이 이 문장을 썼다면 빈 칸에 무엇을 썼겠는가? 나라면 "하나님을 그 무엇보다 사랑하라"라고 썼을 것이다. 그러나 바울은 그렇게 쓰지 않았다. 바울은 "네 이웃 사랑하기를 네 자신같이 하라"라고 썼다. 하나님이 요구하시는 모든 행위가 이 한마디에 정확히 요약된다.

이 진리를 이해하는 것은 매우 중요하다. 하나님을 그 무엇보다 사랑할 때 비로소 이웃을 내 자신같이 사랑할 수 있기 때문이다. 하나님이 내 삶에서 바른 자리에 계실 때 우리는 그분에게 받은 사랑으로 이웃을 대한다. 명심할 것은 우리의 언어 문제, 소통 문제, 말의 문제는 수평이 아닌 수직적으로 바로잡아야 한다는 것이다.

사랑의 나라

하나님 나라는 어떤 나라인가? 그 나라는 무한하고 영광되며, 강력할 뿐 아니라 변화를 일으키는 사랑의 나라다. 하나님 나라의 중심 사건은 무엇인가? 사랑에서 비롯된 주님의 충격적인 희생이다. 하나님 나라는 사랑의 나라다. 이것을 이해하지 못하면 하나님 나라를 전혀 이해할 수 없다. 우리가 이러한 사랑으로 충만할 때 우리의 말에도 변화가 일어난다. 사랑의 말, 섬김의 말, 은혜의 말, 격려의 말, 평화의 말, 치유의 말이 나오기 시작한다. 아침에 눈을 뜰 때, 집 안에 무슨 일이 벌어지든지, 어떤 어려움을 만나든지 "하나님이 어떻게 나를 이다지도 사랑하신단 말인가?"라고 말할 수 있다면, 자기 사랑의 결박에서 벗어날 수 있다.

요한은 요한일서에서 참사랑이 의무감에서 나오지 않는다는 것을 말한다. "우리가 사랑함은 그가 먼저 우리를 사랑하셨음이라"(요일 4:19). 참사랑은 감사하는 마음에서 나온다. 내가 소파에 앉은 아내 곁에 앉아 아내를 끌어당기며 이렇게 말한다고 상상해 보라. "여보, 내가 당신을 사랑하는 이유는 그것이 내가 반드시 해야 할 일이기 때문이지. 내가 최선을 다해 내 의무를 행하고 있다는 것을 당신이 꼭 알아주었으면 좋겠어." 그 순간 아내가 기쁨에 차서 "나는 사랑받고 있어! 남편이 나를 사랑한다니까!"라고 외치지는 않을 것이다. 참되고 성경적이며 하나님 나라에 속한 사랑은 감사에서 출발하여 점점 증폭된다.

이 진리는 불편하지만 분명히 짚고 넘어가야 할 질문으로 우리를 인도한다. "내 말을 이끌어 가야 할 사랑은 과연 무엇인가?" 확실한 것은, 우리가 사랑이라고 말하지만 사랑이 아닌 것이 많다는 것이다. 결혼을 예로 들어 보자. 한 남자와 여자가 진정한 사랑이라고 여기는 것이 실제로는 사랑이 아닐 수도 있다. 실상은 이기적인 한 여자가 한 남자를 쇼핑하고 있는 것인지도 모른다. 그 여자는 남자를 자기 꿈의 마지막 퍼즐 조각이길 바라면서 선택한다. 수많은 데이트 상대를 살펴보다가 마침내 그 남자를 발견하고는 '완벽한' 남자를 찾았다는 생각에 놀라고 흥분한다. 그 남자가 '내 나라'의 꿈을 이루어 주리라 기대하면서 말이다. 그렇다면 여자가 남자에게 끌린 이유가 실은 자신을 사랑해서가 아닐까?

문제는 상대방도 다르지 않다는 것이다. 두 사람은 서로에게 강하게 끌렸지만 이러한 끌림이 진정한 사랑을 보증해 주지는 않는다. 오히려 사랑을 위장한 자기 사랑인 경우가 대부분이다. 두 사람의 결혼 생활이 어떨지는 누구나 충분히 예견할 수 있다. 하루를 못

갈 수도 있고, 6개월 또는 6년을 못 갈지도 모른다. 언젠가 방향이 다른 두 꿈 간에 끔찍하고 절망적인 충돌이 일어나면 이들은 서로의 실체를 보게 될 것이다. 자신들이 사랑했던 것은 실은 자기 자신이었으며, 상대방이 자기의 꿈을 이루어 줄 것이라는 것도 허상에 지나지 않았음을 말이다. 이쯤 되면 서로에 대한 끌림은 후회와 싫증으로 변하기 시작한다.

어떤 부부가 결혼식 다음날 내게 전화를 했다. 정확히 결혼식 다음날 아침 6시 30분이었다. 두 사람은 깊은 절망에 빠졌으나 오히려 나는 아주 잘된 일이라고 생각했다. 그들은 겸손했고 지각이 있었으며 똑똑했다. 그들은 속전속결로 '내 나라'를 버려야 할 상황에 직면했고 결국 승리했다.

그렇다면 사랑이란 뭘까?

사랑을 말하는 요한일서 말씀을 함께 살펴보자.

사랑하는 자들아 우리가 서로 사랑하자 사랑은 하나님께 속한 것이니 사랑하는 자마다 하나님으로부터 나서 하나님을 알고 사랑하지 아니하는 자는 하나님을 알지 못하나니 이는 하나님은 사랑이심이라 하나님의 사랑이 우리에게 이렇게 나타난 바 되었으니 하나님이 자기의 독생자를 세상에 보내심은 그로 말미암아 우리를 살리려 하심이라 사랑은 여기 있으니 우리가 하나님을 사랑한 것이 아니요 하나님이 우리를 사랑하사 우리 죄를 속하기 위하여 화목제물로 그 아들을 보내셨음이라 사랑하는 자들아 하나님이 이같이 우리를 사랑하셨은즉 우리도 서로 사랑하는 것이 마땅하도다 어느 때나 하나님을 본 사람이 없으되 만일 우리가 서로 사랑하면 하나님이 우리 안에 거하시고 그의 사랑이 우리 안에 온전히 이루어지느니라(4:7-12).

성경 말씀은 일련의 추상적 개념이 아닌 하나의 사건으로 사랑을 정의한다. 그 사건은 바로 주 예수 그리스도의 십자가다. 하나님은 우리를 십자가의 사랑, 곧 예수 그리스도의 십자가를 닮아 가는 사랑으로 부르신다. 그 사랑은 무엇인가? 나는 이것을 다음과 같이 정의하고 싶다. "사랑은 상대방의 구원을 위한 자발적 자기희생, 곧 보답이나 사랑받는 사람의 자격을 요구하지 않는 자기희생이다." 바로 이 사랑 때문에, 그리스도께서 십자가에 달리셨다.

주님의 이 사랑, 곧 십자가 사랑에 대한 감사가 우리 안에 가득할 때, 그리고 이 사랑이 우리의 기쁨과 동기, 삶의 패러다임이 될 때 우리에게 참 변화가 나타난다. 그리고 이 변화는 우리를 사랑의 도구로 쓰임 받게 한다.

이러한 사랑의 삶을 살려면, 우리는 먼저 구출되어야 한다. 서로에게서가 아니라 자기 자신으로부터 구조되어야 한다. 안타깝게도, 죄가 우리 안에 진을 치고 있는 한 우리는 여전히 폐쇄적이고 작은

'내 나라'에 끌릴 것이다. 자신의 바람과 필요와 느낌이 영원한 하나님 나라의 광대한 계획과 목적보다 훌륭해 보일 것이다. 하지만 '내 나라'의 영광은 아무리 채우려 해도 영원한 만족을 주지 못한다. 주 예수 그리스도의 영광만이 우리의 만족이 된다. 따라서 우리는 그분의 은혜를 통해 매일 매일 구조되어야 한다. 우리를 구조하는 그분의 은혜가 없다면 우리는 요한이 묘사한 대로 타인을 사랑할 능력이 전혀 없다.

완전한 사랑과 은혜의 말은 주님의 사랑이 다스리는 마음 안에서만 흘러나온다. 기억하라. 우리의 말은 언제나 마음에서 나온다. 하나님은 이 사랑에서 흘러나오는 정결한 말을 요구하신다. 우리가 맞닥뜨리는 사람들을 보며, 하나님의 기준에 합당하게 그들을 사랑할 방법이 없다고 생각하는가? 그렇다면 마지막으로 다음 말씀을 살펴보도록 하자. 베드로후서 1장 말씀으로 용기를 주고 싶다.

그의 신기한 능력으로 생명과 경건에 속한 모든 것을 우리에게 주셨으니 이는 자기의 영광과 덕으로써 우리를 부르신 이를 앎으로 말미암음이라 이로써 그 보배롭고 지극히 큰 약속을 우리에게 주사 이 약속으로 말미암아 너희가 정욕 때문에 세상에서 썩어질 것을 피하여 신성한 성품에 참여하는 자가 되게 하려 하셨느니라(3-4절).

"그의 신기한 능력으로… 주셨으니." 여기에 사용된 동사의 시제가 무엇인지 아는가? 과거완료이다. 미래에 지속적인 영향을 미치는, 과거에 완료된 행위다. 그러므로 우리가 하나님의 자녀라면, 약속된 것은 이미 우리 창고 안에 있다. 이것은 앞으로 이뤄질 약속이 아니다. 구원이란 바로 이런 것이다. 우리는 이미 구원받았다. "그의 신기한 능력으로 생명과 경건에 속한 모든 것을 우리에게 주셨으니…." NIV의 번역처럼 주님은 "생명과 경건을 위해 우리에게 필요한 모든 것"(everything we need for life and godliness)을 이미 주셨다.

베드로가 생명과 경건이라는 두 단어를 사용한 이유는 이 서신의 청중들을 잘 알았기 때문인 것 같다. 만약 베드로가 하나님이 오직 생명과 관련된 모든 것을 우리에게 주셨다고 말했다면, 우리는 '영원한'(eternal)이라는 단어를 들이밀고 싶은 유혹을 강하게 느끼지 않았을까 싶다. "우리가 언젠가 하나님과 영원히 살 수 있도록 우리에게 필요한 모든 것을 주셨다는 게 놀랍지 않아요?" 이것은 사실이며, 영광스러운 사실이다. 그러나 베드로가 여기서 말하는 주제는 두 번째 단어인 '경건'이다.

경건은 생각과 바람과 말과 행동으로 하나님을 높이는 삶이다. 우리가 태어나 그분의 집에 돌아가는 순간까지, 하나님은 우리가 나눌 대화에서 필요한 모든 것을 이미 주셨다. 반항하는 십대 자녀를 대할 때 필요한 언어도 이미 주셨다. 아무리 열심히 일해도 알아주지 않는 성마른 상사에게 할 말까지 이미 주셨다. 울타리에만 관심이 많은 이웃을 인자와 사랑으로 대하는 데 필요한 말도 이미 주셨다. 우리를 배신한 사람과 어려운 대화를 나누는 데 필요한 언어도 이미 주셨다. 우리가 이런 확신을 분명히 가질 수 있다면 얼마나 좋을까! 주님은 이미 우리를 능력 있게 하셨다.

우리가 이미 받은 것을 생각해 보자. 먼저 우리는 하나님의 용서를 선물로 받았다. 그리스도의 대속 때문에, 우리는 하나님 앞에 당당히 말할 수 있다. "하나님, 저는 실수투성이입니다. 당신의 나라에 충성한다고 말하면서도 작고 폐쇄적인 '내 나라'로 슬그머니 돌아가 버리고 당신의 영광스런 계획보다 나의 일을 소중히 여길 때도 많습니다. 다시금 당신 앞에 이 모든 것을 내어놓습니다. 저를 용서하시고 도와주십시오." 우리의 모든 연약함과 실패에도 불구하고 예수님이 하신 일 때문에 거룩하신 하나님 앞에 두려움 없이 설 수 있다는 게 놀랍지 않은가? 우리는 그분 앞에 달려가 다시금 도움을 구할 수 있다.

두 번째로 우리는 능력(empowerment)을 선물로 받았다. 하나님은 우리의 필요가 워낙 광범위하고 포괄적이라 단지 용서만 하시지 않고, 말 그대로 지퍼를 열고 영으로 우리 안에 들어오셨다. 이렇게 해서 우리는 하나님이 요구하는 일을 해낼 능력을 갖게 되었다. 예수님이 임마누엘 하나님이신 것은 그분이 단지 세상에 오셨기 때문이 아니라 우리를 당신의 거처로 삼으셨기 때문이다. 하나님은 우리의 무능력을 해결하셨다. 단순히 통찰력 있는 성경적 명령과 원리를 주셔서가 아니라 말 그대로 자신을 우리에게 주심으로써 말이다.

만약 우리가 하나님의 자녀라면 그분은 우리 안에 능력과 영광으로 거하시며, 당신의 부르심에 순종하는 데 필요한 모든 것을 우리에게 거저 주신다.

하지만 세 번째 선물이 또 있다. 하나님은 용서와 능력뿐 아니라 해방(deliverance)을 선물하셨다. 그분은 모든 자녀의 마음에서 마지막 죄의 찌꺼기가 제거될 때까지 조금도 쉬거나 늦추지 않으신다. 언젠가 우리는 모두가 참석하고 싶어 할 장례식에 초대받을 것이다. 바로 죄의 장례식이다. 복음은 죄가 죽고 우리가 그리스도와 함께하며 그분처럼 영원히 거룩해지리라고 약속한다.

하나님의 은혜로, 변화를 일으키는 영광스러운 사랑의 나라가 우리의 나라가 된다. 아버지께서 그 나라를 우리에게 주기로 작정하셨다. 그런데도 자신이 세운 작고 폐쇄적인 세계로 다시 돌아가겠는가?

이렇게 생각할지도 모르겠다. "목사님, 원리는 알겠어요. 하지만 그 원리가 어떻게 작동되죠?" 마지막 예를 들겠다. 당신이 처자식을 둔 사람이라고 생각해 보자. 아내는 집에서 세 아이를 돌본다. 당신은 퇴근해서 집으로 돌아오는 길이다. 힘든 하루를 보낸 당신이 정말 기대하고 있는 것은 아내가 정성껏 준비한 저녁이다. 운전대를 잡고 집으로 향하는 내내 맛있는 냄새가 코를 자극하는 듯하다. 아침에 출근할 때 보았던 냉장고 속 고깃덩어리가 떠오르면서 맛있게 구워진 스테이크가 눈앞을 스쳐갈 것이다.

그런데 차에서 내려 현관문으로 들어서는 순간, 뭔가 기대하지 않았던 냄새가 코를 자극한다. 식탁에 앉자 아내는 당황한 모습으로 어색하게 스테이크를 식탁에 내려놓으며 사과한다. 쇠고기는 스테이크라기보다는 숯에 가깝다. 당신은 아내를 쳐다보며 말한다. "여보, 내가 당신을 위해 무엇을 하는지 알기나 하오? 난 많은 걸 바라지 않소. 난 참을성이 많은 사람이야. 그저 집에 돌아왔을 때, 먹을 만한 저녁만 있으면 돼요." 당신은 스테이크를 가리키며 말한다. "나보고 이걸 어떻게 먹으라는 거요? 남편에게 제대로 된 저녁 한 끼도 못 차려 주다니 대체 하루 종일 뭘 한 거지?"

이것이 '내 나라'에서 이뤄지는 실제적인 대화다. 남편의 이런 말을 들은 아내의 마음은 어떻겠는가? 사랑과 격려를 받는다고 느끼겠는가? 아니다. 갈라디아서 5장 15절을 기억하라. "만일 서로 물고 먹으면 피차 멸망할까 조심하라."

테이프를 뒤로 돌려보자. 운전을 하며 돌아오는 길에 상상 속의 비프스테이크 냄새를 만끽하며 집으로 돌아온다. 그런데 현관에 들어서는 순간, 그다지 유쾌하지 않은 냄새가 코를 찌른다. 아내가 당황한 표정으로 사과하면서 까맣게 탄 스테이크를 식탁에 낸다. 그 순간 당신은 아내의 손을 잡으며 말한다. "여보, 괜찮아요. 가족을 위해 하루 종일 힘들게 일했잖소? 나 역시 부족하고 실수도 많이 하는데… 당신처럼 날 진심으로 사랑하는 사람과 산다는 게 감사할 뿐이지. 내가 감당할 게 탄 스테이크뿐이라면, 난 과분한 복을 받은 사람이지. 그러니 미안해하지 말아요." 이것이 하나님 나라의 통치를 받는 한 남자의 사랑 넘치는 말이다.

우리의 말은 어느 나라의 다스림을 받는가? 폐쇄적인 '내 나라'인가? 아니면 영광스럽고 사랑이 가득한 '하나님 나라'인가? 대부분의 사람들은 두 나라의 다스림을 모두 받는다. 때론 하나님 나라에서 기쁨을 발견하지만 그렇지 못할 때도 있다. 하나의 마음을 두고 두 나라 간에 전쟁이 벌어질 때 필요한 건 주 예수 그리스도의 은혜뿐이다.

나는 아침마다 세 가지 기도를 한다. 첫째는 고백의 기도다. "하나님, 오늘 아침에 당신의 도움이 절실히 필요합니다." 다음은 이것이다. "내게 은혜를 베푸시어 내가 가는 길에 도움의 손길을 보내 주십시오." 마지막 기도는 이것이다. "내게 겸손한 마음을 주셔서 도움을 받아들이게 해주십시오."

말의 문제는 마음의 문제다. 부정하지 못할 성경의 메시지다. 내 마음의 생각과 내 입술의 말 사이에는 유기적인 일관성이 있다. 따라서 마음을 다스리는 자가 말도 다스린다. 감사한 것은 이 싸움에 든든한 지원군이 있다는 것이다. 기억하라. 입에서 나오는 말이야말로 우리가 순간순간 하나님의 은혜가 필요한 가장 강력한 증거가 된다. 우리는 모두 은혜로 구조되어야 한다. 그래야 변화를 일으키는 하나님의 무한한 사랑의 대리자로서 말하게 된다.

하나님이 뜻하시는 대로 말할 수 있도록 하나님의 은혜를 구하라. 하나님이 반드시 듣고 응답해 주실 것이다.

2

혀의 성화

**거룩한 말을 위한 싸움은
날마다 계속되어야 한다**

싱클레어 퍼거슨 Sinclair B. Ferguson

미국 컬럼비아 제일장로교회(Columbia First Presbyterian Church)의 담임목사로
사역하다가 65세에 은퇴했다. 그리고 리디머신학교와 웨스터민스터
신학교의 조직신학 교수를 역임했다. 《성숙의 길》, 《거룩의 길》, 《성도
의 삶》을 비롯해 여러 권의 저서를 냈다.

내 형제들아 너희는 선생 된 우리가 더 큰 심판을 받을 줄 알고 선생이 많이 되지 말라 우리가 다 실수가 많으니 만일 말에 실수가 없는 자라면 곧 온전한 사람이라 능히 온몸도 굴레 씌우리라 우리가 말들의 입에 재갈 물리는 것은 우리에게 순종하게 하려고 그 온몸을 제어하는 것이라 또 배를 보라 그렇게 크고 광풍에 밀려가는 것들을 지극히 작은 키로써 사공의 뜻대로 운행하나니 이와 같이 혀도 작은 지체로되 큰 것을 자랑하도다 보라 얼마나 작은 불이 얼마나 많은 나무를 태우는가 혀는 곧 불이요 불의의 세계라 혀는 우리 지체 중에서 온몸을 더럽히고 삶의 수레바퀴를 불사르나니 그 사르는 것이 지옥 불에서 나느니라 여러 종류의 짐승과 새와 벌레와 바다의 생물은 다 사람이 길들일 수 있고 길들여 왔거니와 혀는 능히 길들일 사람이 없나니 쉬지 아니하는 악이요 죽이는 독이 가득한 것이라 이것으로 우리가 주 아버지를 찬송하고 또 이것으로 하나님의 형상대로 지음을 받은 사람을 저주하나니 한 입에서 찬송과 저주가 나오는도다 내 형제들아 이것이 마땅하지 아니하니라 샘이 한 구멍으로 어찌 단물과 쓴물을 내겠느냐 내 형제들아 어찌 무화과나무가 감람 열매를, 포도나무가 무화과를 맺겠느냐 이와 같이 짠물이 단물을 내지 못하느니라(약 3:1-12).

야고보서 3장 1-12절은 혀의 사용에 대해 가장 많이 논의되는 말씀이다. 이 짧은 서신의 저자는 예수님의 형제 야고보다.[1] 야고보의 가르침은 구약성경의 지혜서나 예수님의 가르침과 비슷한 부분이 많다. 잠언은 물론이고 예수님은 혀의 본성과 쓰임에 대해 아주 분명하게 말씀하셨다. 야고보는 잠언과 주님의 발자취를 따라, 우리의 말을 망치는 죄와 실패가 어디서 비롯되는지 강하게 보여 주고 있다.

하나님의 말씀을 가르치고 전하는 목적이 "경책하며 경계하며 권하는"(딤후 4:2)이라고 볼 때, 야고보는 바울이 말한 성경의 유익함이나 유용성을 잘 예증해 준다. "교훈과 책망과 바르게 함과 의로 교육하기에 유익하니"(딤후 3:16).

간단히 말해 야고보는 그리스도인의 성숙에 초점을 맞춘다. 사실 모든 사도의 가르침이 여기에 초점을 맞춘다고 해도 무방하다. 다른 곳뿐 아니라 여기서도 야고보는 하나님께 받은 모든 능력을 사도 바울과 같은 방법으로 사용하고 있다. "우리가 그를 전파하여 각 사람을 권하고 모든 지혜로 각 사람을 가르침은 각 사람을 그리스도 안에서 완전한 자로 세우려 함이니 이를 위하여 나도 내 속에서 능력으로 역사하시는 이의 역사를 따라 힘을 다하여 수고하노라"(골

1:28-29).

　사실 이것은 야고보의 부담이기도 했을 것이다. 다섯 장으로 구성된 야고보서는 지혜와 경고의 말로 장식된 한 편의 긴 설교와 같다. 시종일관 야고보의 목적은 독자와 청중들(한때 그가 직접 목회하며 돌보았으나 지금은 널리 흩어진 사람들)이 온전한 영적 성숙에 이르는 것이었다. 이들의 전 인격이 온전히 그리스도의 소유가 되게 하는 것이다.

　이러한 동기와 목적은 야고보서 전체를 관통하고 있는데 3장에 이르기 전에도 이미 (1) '고난에 대한 반응을 통해 이루어지는 영적 성숙'과 (2) '말씀에 대한 반응을 통해 깊어지는 영적 성숙'에 대해 보여 준다. 이제 야고보는 (3) '영적 성숙이 혀의 사용을 통해 증명된다'는 사실을 이야기하려 한다. 혀를 제어하는 것은 온전한 사람, 진정한 그리스도인의 가장 분명한 표시이며 자기 제어(절제)의 열매이기 때문이다.

　야고보서 3장 1-12절의 가르침을 살펴보는 데는 세 가지 목적이 있다. 먼저는 야고보가 제시하는 논증의 무게를 느껴 보는 것이다. 그리고 말에 관한 야고보의 가르침이 전체의 맥락에서 볼 때 사실상 빙산의 일각임을 확인하는 것이다. 마지막으로 이 말씀의 배후에 있는 보다 넓은 복음적 정황을 살펴보는 것이다.

혀란 무엇인가?

야고보서 3장 1-12절로 돌아가 보면, 다양하고 강력한 기본 원리가 눈에 들어온다.

1) 혀는 길들이기 어렵다

야고보는 선생이 되려는 자들에게 특별한 조언을 아끼지 않는다. "내 형제들아 너희는 선생 된 우리가 더 큰 심판을 받을 줄 알고 선생이 많이 되지 말라"(1절).

선생은 자기 말의 무게와 잠재적인 영향력을 의식해야 하는 위치에 있다. 그리고 가르치는 일에서 말은 핵심적인 요소이다. 따라서 말에 신뢰성이 없는 선생은 학생들에게 해로운 모델이 되기 쉽다.

그러나 야고보 역시 온전한 성숙에 이른 사람으로서 이 글을 쓰는 것이 아니다. 그는 누구보다 자신의 약함을 잘 인식하고 있었다. "우리가 다 실수가 많으니"(2절). 야고보에게는 거짓된 완벽주의가 없었다. 야고보는 자신이 어떻게 예수님을 깎아내렸는지 기억하고 있을 것이다. 그 역시 예수님을 향해 "그가 미쳤다"라고 했던 사람들 중 하나였을 것이다(막 3:21). 이것이 주님이 부활 후에 야고보를 찾아가신(베드로를 찾아가셨듯이) 이유가 아니었을까?(고전 15:7)

야고보의 가르침은 선생의 소명을 받은 사람들뿐 아니라 모든 그리스도인에게도 적용된다. 혀를 제어하는 것이 성숙의 표시라면, 이것은 모든 그리스도인에게 적용되기 때문이다. 누구나 혀를 사용하고 있기 때문에 혀를 어떻게 사용하느냐는 우리의 영적 위치를 보여 주는 분명한 증거가 된다.

어린 시절, 우리 집 주치의는 내게 혀를 내밀라는 말을 자주 했다. 그는 입안을 살핌으로써 건강 상태에 관해 많은 정보를 얻는 듯했다. 이것은 영적 사실을 보여 주는 하나의 비유다. 대개 마음의 생각은 말을 통해 입 밖으로 나온다. 예수님은 "마음에 가득한 것을 입으로 말함이라"(마 12:34)고 하셨다. 그래서 야고보는 영적 의사로서 혀를 정밀하게 살피고 분석한다. 야고보서 3장 1-12절은 영적으로 볼 때 진정한 병리학 실험실이다.

야고보의 말처럼 성숙한 사람은 자기 혀에 "굴레를 씌운다(bridle)." 이것을 할 수 있는 사람은 몸 전체를 주관하는 사람이다.[2] 영적인 대가들은 이것을 이중적인 의미로 이해했다. 혀를 다스린다는 것은 침묵하거나 말을 제어하는 능력이다. 그러면서도 필요할 때 은혜로운 말을 한다는 뜻이기도 하다. 삶의 어느 부분에서든 영적 성숙은 언제나 이중적인 면(말하자면, 벗기와 입기)이 있기 마련이다. 적절하게 표현된 말과 침묵은 모두 성숙한 그리스도인의 표시다.[3]

야고보는 스스로 경건하다 생각하면서도 혀에 재갈을 물리지 못하는 사람은 자신 마음을 속이는 자라고 했다(1:26). 여기서 우리는 존 번연의 《천로역정》에 등장하는 인물, 말은 쉽게 하면서도 말에 무게가 없는 '수다 씨'(Mr. Talkative)를 생각해 볼 수 있다. 그는 자신의 혀를 제어하지 못했기에 그의 말에는 전혀 무게가 없었다.

그러나 야고보는 이 모든 말을 마치고 한 가지 사실을 고백한다. 예수님 외에는 그 누구도 혀를 완벽히 제어하지 못했다는 것이다. 혀를 다스리는 훈련을 하면서 우리가 품을 소망은 이것이다. 우리는 그리스도의 것이며, 그래서 조금씩 그분의 모습으로 빚어진다는 사실이다. 그리고 거룩한 말을 위한 싸움은 장기전이라서 날마다, 시간마다, 끊임없이 계속된다는 것이다.

2) 혀는 작지만 강하다

야고보서 3장 3-5절에서, 야고보는 평범하지만 아주 생생한 두 가지 예를 들고 있다.

혀는 말에게 물린 재갈과 같다. 이 작은 장치가 말의 엄청난 힘과 에너지를 제어하고 말이 가야 할 방향을 제시한다. 야고보는 일상에서 이런 모습을 자주 보았을 것이다. 그는 튼튼한 로마 군대의 기마들을 보았을 것이고, 전차 경주에 관해서도 들었을 거다. 그러나 핵심은 작은 장치 하나에 집중된 강력한 힘과 영향력이다. 혀도 마찬가지다.

혀는 배의 키와 같다. 고대에는 지금처럼 큰 배가 없어서 바울을 로마로 이송했던 배도 정원이 276명이었다(행 27:37). 오늘날 이지스함 같은 큰 배는 천여 명을 태우고도 남는다. 그러나 이처럼 거대하고 육중한 배도 작은 키 하나로 방향이 결정된다! 혀도 마찬가지다. 크기는 매우 작지만 그 힘은 상상 외로 엄청나다. 선한 목적에든 악

한 목적에든 마찬가지다. 브루스 월키(Bruce Waltke)의 표현을 빌자면, "바보의 혀는 자신의 목을 자를 만큼 길다."[4]

야고보가 이렇게 말하는 이유는 아마도 성경을 통해 배운 것과 자신의 개인적 경험 둘 다에서 비롯된 것이 아닐까 싶다. 혀는 마음의 숨을 세상 속으로 실어 내쉬게 한다.

안타깝게도, 우리는 혀의 영향력에 너무 익숙해져서 그 힘이 악한 쪽으로 향할 때 얼마나 강한지 깨닫지 못하기도 한다. 최근에 호텔 엘리베이터를 탔는데 한 여인이 비좁은 공간으로 들어오고 문이 닫히자 진한 담배 냄새가 풍겼다. 안에 있던 사람들 모두 나와 같은 생각을 했을 것 같다. '여긴 금연 구역인데 이 여자가 담배를 피웠군.'

예수님은 혀가 마음의 생각과 의도를 드러낸다고 말씀하신다. 입이 하는 말은 '마음에서' 나온다(참조. 마 12:34; 15:18-19). 그러나 흡연자처럼 그 냄새에 아주 익숙한 사람은, 자신이 오염된 말을 하고 있음을 전혀 또는 거의 알아채지 못한다. 자신이 말할 때마다 나쁜 숨을 내쉰다는 사실을 알아채지 못한다.

그러나 또 다른 면, 정말 놀랄 만큼 고무적인 면이 있다. 성경은, 우리의 가장 깊은 소망과 본능, 의견을 드러내는 호흡 역시 유익하고 만족스런 열매를 낸다고 가르친다. 잠언 15장 4절에서 지혜로운 사람은 이렇게 말한다. "온순한 혀는 곧 생명나무이지만 패역한 혀는 마음을 상하게 하느니라."

야고보도 혀가 그 크기와는 정반대로 아주 강력한 도구임을 간파했다. 혀는 해부학적으로는 아닐지 몰라도, 성경적으로는 마음(죄로 강퍅하든, 은혜로 재창조되었든)과 가장 밀접한 연관을 가지고 있다.

3) 혀는 파괴하는 힘이 있다

혀의 힘을 생각할 때, 야고보의 마음에 일련의 생생한 그림이 빠르게 스쳐 지나간다.

*불(6절). 작은 불이 온 숲을 파괴한다. 제어되지 않은 불꽃만 있으면 된다. 날카로운 한마디, 엉성한 한 문장, 매정한 농담 하나가 도저히 끌 수 없는 불을 붙이기도 한다. 말은 삶을 태우고 파괴하는 힘이 있다.

야고보는 이러한 파괴를 일으키는 힘의 근원에 대해 게헨나(Gehenna)라는 성경 용어로써 아주 구체적으로 지적한다. 게헨나는 본래 예루살렘 남쪽 외곽에 위치한 힌놈의 골짜기를 가리킨다. 이곳은 예루살렘의 쓰레기 처리장으로, 이곳에 운반된 쓰레기는 곧바로 소각되었다. 끊임없이 무언가를 불태웠던 게헨나는 곧 불을 의미하는 단어가 되었다.[5] 아리마대 요셉의 사려 깊은 배려가 없었다면, 주님의 시신도 이곳으로 옮겨지지 않았을까? 불타는 혀에 붙는 불은 지옥불이다. 파괴하는 말은 바로 이런 지옥에서 나온다. 비슷한 말이 당신의 입에서 나오려 할 때마다 게헨나의 이미지를 기억하라.

*세계(6절). 혀는 "불의 세계다." 아주 오래전 기내 잡지에서 풀었

던 그림 퀴즈가 생각난다. 이상한 각도에서 찍은 사진 속의 물체가 실제로 무엇인지 맞추는 퀴즈였다. 사진 가운데 하나는 분화구로 덮인 달 표면처럼 보였다. 캄캄한 죽음의 세계 같았다. 그런데 다음 페이지에서 정답을 확인하는 순간 깜짝 놀랐다. 달 표면처럼 보였던 물체는 사실 인간의 혀였다! 혀를 확대했더니 위험한 분화구로 뒤덮인 죽음과 어둠의 세계처럼 보였던 것이다.

*더럽힘(6절). "혀는 우리 지체 중에서 온몸을 더럽히고…." 사람들은 결혼식에 참석할 때 옷에 많은 신경을 쓴다. 특히 자신이 주인공이라면 더더욱 그렇다. 만찬에 참석할 때는 새로 산 실크 넥타이가 얼마나 신경 쓰이는지 모른다. 작은 얼룩이라도 생기면 모든 것이 엉망이 된다. 혀와 말도 이와 같다. 아무리 큰 은혜를 받았더라도 혀를 제어하지 못하면, 부주의한 한 마디 때문에 받았던 모든 은혜가 순식간에 엎질러진다. 은혜는 부서지기 쉽다. 그러므로 은혜를 무너뜨리지 않도록 혀를 잘 지켜야 한다.

*쉬지 아니하는 악(8절). 거듭나지 못한 혀는 들판을 헤매며 자신을 변호하기 바쁘다. 그리고 타인을 신속하게 공격하며 그들을 굴복시키려 안달이다. 악한 혀는 언제나 악한 말을 한다. 이런 면에서 제어되지 않는 혀는 사탄과 닮았다. 사탄은 평화의 하나님을 배반한 대가로 절대로 정착하지 못한다. 온 땅을 두루 다니며(욥 1:7; 2:2), 우는 사자같이 삼킬 자를 찾는다(벧전 5:8). 사탄의 다스림을 받는 혀 또한 언제나 그런 모습이다. 사탄은 본능적으로 자기 영토를 지키

고 경쟁자를 무너뜨리며 짐승의 왕이 되려 한다.

*죽이는 독(8절). 죄인의 입술에는 '독사의 독'이 있으며, "그들의 목구멍은 열린 무덤 같고 그들의 혀로는 아첨한다"(롬 3:13; 시 5:9). 그 혀가 다스리는 삶은 갑자기 또는 서서히 파괴되고 무너진다. 이 구절은 창세기 3장에서 하와가 뱀에게 치명적으로 속은 사건과 그로 인한 치명적이고 무서운 결과를 암시하는 듯하다.

예수님의 사역 초기 때, 야고보는 그분을 전혀 믿지 않았다. 그러나 형(같은 어머니에게 났으나 실은 성령으로 잉태된)의 가르침에 마음을 빼앗겼고, 그분의 가르침을 통해 혀의 힘과 파괴력을 생생하게 보여 주는 구약의 단어들을 접했음이 분명하다.

분명 펜이 검보다 강하다는 명언처럼 물리적인 무기보다 말로써 사람을 죽이기가 훨씬 더 쉬운 법이다(마 5:21-22). 안타깝게도 이런 일은 믿음의 공동체 안에서도 일어난다. 우리 안에 그리스도께서 피 흘려 사신 동료 그리스도인을 무섭게 깎아내리고 하찮게 여기며 소외시키는 경우가 얼마나 흔한지 모른다.

덕망 높은 로버트 머레이 맥체인은 여럿이 모인 자리에서 동료 그리스도인에 관해 좋은 말을 할 수 없다면 차라리 아무 말도 하지 않겠다고 결심했다. 불을 부주의하게 다뤄 "그리스도께서 대신하여 죽으신 형제"를 죽이느니(롬 14:15; 고전 8:11) 차라리 입을 다무는 것이 훨씬 낫다는 것이다.

젊은 조나단 에드워즈(Jonathan Edwards, 1703-1758)는 이 주제와 관

런해 몇 가지 〈결심〉(Resolutions)을 했다. 그의 결심을 주목해 보자.

> **결심 31.** 절대로 타인을 비판하지 않겠다. 그러나 그리스도인의 가장 높은 명예에, 인류에 대한 사랑에, 가장 낮은 겸손에, 나 자신의 허물과 실패에 대한 자각에, 도덕적 황금률에 완벽하게 부합할 때는 비판하는 게 정당하다. 그렇다 해도 누군가를 비판할 때, 그 비판이 이 결심에 부합하는지 엄격하게 따져 보겠다.
>
> **결심 34.** 이야기할 때 순전하고 단순한 사실 외에는 절대로 말하지 않겠다.
>
> **결심 36.** 그렇게 해서 특별한 유익이 있는 게 아니라면, 그 누구에 대해서도 나쁘게 말하지 않겠다.
>
> **결심 70.** 내가 하는 모든 말이 유익이 되게 하겠다.[6]

언젠가 신학교의 한 동료가 이런 경험담을 들려주었다. 한번은 타 지역으로 갈 일이 생겨서 비행기를 탔는데 출발이 여러 차례 지연되는 바람에 지친 몸으로 목적지에 도착하게 되었다. 그는 곧바로 예약한 호텔로 향했다. 그런데 호텔 예약자 명단에 자신의 이름이 없었다. 안내 데스크의 젊은 직원이 아무리 찾아봤지만 찾을 수 없었다. 끔찍한 하루를 보낸 데다 매우 지쳐 있던 친구는 자제력을 잃고 말았다. 그래서 마치 모든 잘못이 호텔 직원의 탓인 양 애꿎게 그에게 몇 마디 쏘아붙였다. 직원은 그에게 빈 객실을 찾아 주고는 숙박계 작성을 부탁했다. 친구는 자신의 신학교 이름을 적었다. 직원은 숙박계를 보고 "웨스트민스터신학교에서 오셨어요?"라고 묻더니 흥분하며 말했다. "놀랍네요. 저는 최근에 그리스도인이 됐거든요. 그 신학교에 대해서 들은 적이 있어요. 그 신학교에서 오신 분을 직접 뵙다니, 정말 놀랍네요! 와, 정말 당신이 웨스터민스터신학교에 다닌다니?"

이 이야기는 다른 분위기로 끝날 수도 있었다. 그러나 성숙한 신자가 한 젊은이에게 어쩌면 지워지기 힘든 얼룩을 남기고 말았다. 우리는 모두 이런 상황을 봤거나 직접 만든 적이 있다. 실로 혀는 몸에서 가장 강력하고 파괴적인 지체다.

이와 관련해, 바울은 우리에게 복음이 필요하다는 사실을 아주 기본적이고도 강력하게 제시하는데, 그 핵심을 기억하면 유익하다. "무릇 율법이 말하는 바는 율법 아래에 있는 자들에게 말하는 것이니 이는 모든 입을 막고…"(롬 3:19).

1970년, 이 구절에 대한 로이드 존스의 강해를 처음 읽었을 때, 등골이 오싹했던 게 아직도 기억난다.

> 이제 바울은 지적합니다. … 율법이 우리에게 무엇을 말하는지 깨달을 때, "모든 입이 막힙니다." 우리는 말을 잃습니다. 우리가 말을 잃지 않는다면, 그리스도인이 아닙니다! 우리가 그리스도인인지 아닌지 어떻게 압니까? '말을 멈추는지' 보면 됩니다. 비그리스도인의 문

제는 계속 말을 한다는 사실입니다.

…어떤 사람이 그리스도인지 아닌지 어떻게 압니까? 그의 입이 '닫혔는지' 보면 됩니다. 저는 이러한 복음의 솔직함을 좋아합니다. 사람들은 입을 닫거나 '막아야' 합니다. …우리가 입을 다물고, 입을 막으며, 말을 잃고, 할 말이 전혀 없을 때 비로소 그리스도인이 되기 시작합니다.[7]

그리스도께로 확실히 돌아선 사람에게는 정의하기 어려운 '뭔가'가 있다. 로이드 존스는 그 본질을 지적한 게 분명하다. 스스로 완벽하다고 생각하는 사람이 겸손해지고, 타고난 교만이 꺾인다. 많은 경우, 혀는 우리 중심의 경건치 못한 욕망을 보여 주는 가장 확실한 눈금이다. 그러나 거듭남을 통해 내적 교만이 죽고 마음에 빛이 비칠 때, 새로운 성향과 감정이 생겨난다. 진정으로 회심한 사람은 야곱처럼 다리뿐 아니라 말도 절뚝거린다. 왜냐하면 영적 해부에서는 (육체적 해부와는 달리), 마음(심장)과 혀가 직접 연결되어 있기 때문이다. 마음을 정복하면 혀가 침묵하게 된다. 내면의 겸손이 겉으로 표현된다. 이렇게 침묵할 때에야 비로소 어느 상황에서든 말할 준비가 된 것이다.

4) 혀는 일관성이 없는 모순덩어리다

혀에 대한 야고보의 철저한 분석은 아직 끝나지 않았다. 야고보는 혀를 해부하여 그 내부를 점점 드러내면서 네 번째 특징에 주목한다.

> 혀는 능히 길들일 사람이 없나니 쉬지 아니하는 악이요 죽이는 독이 가득한 것이라 이것으로 우리가 주 아버지를 찬송하고 또 이것으로 하나님의 형상대로 지음을 받은 사람을 저주하나니 한 입에서 찬송과 저주가 나오는도다 내 형제들아 이것이 마땅하지 아니하니라 샘이 한 구멍으로 어찌 단 물과 쓴 물을 내겠느냐 내 형제들아 어찌 무화과나무가 감람 열매를, 포도나무가 무화과를 맺겠느냐 이와 같이 짠물이 단물을 내지 못하느니라(약 3:8-12).

어릴 때 부모님과 함께 보았던 카우보이와 인디언 영화가 생각난다. 그중 생각나는 대사가 있는데 어떤 인디언이 반복해서 되뇌던 한 문장이다. 그가 그 말을 얼마나 자주 했던지 어린 내 머릿속에 깊이 박혔던 것 같다. "백인은 갈라진 혀로 말한다"(White man speak with forked tongue). 그것은 강력한 고발이었다.

야고보도 이런 시각을 공유하지만, 더 깊게 분석한다. "갈라진 혀는 갈라진 마음과 연결된다." 갈라진 말은 '두 마음을 품어 모든 일에 정함이 없는 자'의 표시다(약 1:8). 이것은 어여삐 보아야 할 약점이 아니라 우리 존재 자체의 지독한 모순을 표현한다. 무화과나무에 감람 열매가 맺히는 것보다, 포도나무에 무화과가 맺히는 것보

74

다, 짠 샘에서 단물이 나는 것보다 더한 모순이다.

회피하지 말고 야고보가 지적한 말의 힘에 주목해 보자. 야고보의 말은 좌우에 날선 검처럼 "혼과 영과 및 관절과 골수를 찔러 쪼개기까지 하며 또 마음의 생각과 뜻을 판단하려" 한다(히 4:12).

우리는 하나님을 찬송하도록 만들어진 하나님의 형상들이다. 한 입으로 하나님을 찬송하는 동시에 하나님의 형상으로 지음 받은 자를 생각 없이 저주한다면, 뻔뻔스럽고, 위선적이며, 두 마음을 품는 행위이다. 두 마음을 품은 자는 갈라진 혀의 종이 된다. 그는 마땅히 품지 않아야 할 생각을 품고, 마땅히 하지 않아야 할 말을 한다. 야고보는 그 시대 독자들의 양심을 철저히 해부한다. 그들 중 대다수는 야고보가 예루살렘에서 돌보았으나 이후에 박해 때문에 흩어진 양 떼의 일원이었을 것이다.

이런 말은 그리스도의 제자들을 핍박하고 냉대하는 세상에서 그 모든 박해와 고난을 감내할 만큼 신앙이 깊은 그리스도인들이 듣기에도 곤혹스러웠을 것이다. 그렇다면 21세기 초, 방자하고 제멋대로인 자칭 그리스도인들이 듣기에는 얼마나 더 곤혹스럽겠는가?

이제 '갈라진'(ripped up) 우리의 양심에는 한 가지 의문이 일어난다. 왜 야고보는 혀를 다루는 방법에 관해 실제적인 조언을 하지 않았을까? 기독교 서점을 찾거나 세미나에 참석이라도 해야 하는 건가?

사실 야고보는 실제적으로 조언하고 있다. 그의 곁에 붙어만 있어도 그의 조언이 들린다. 실제로 서신서 안에는 이런 분석과 더불어 통상적으로 실제적인 조언들이 들어 있다. 선명하게 드러나지 않을 수도 있지만 주어진 단락에 마음과 정신을 집중하고 그분을 기다리면, 실제적인 조언이 분명하게 보인다. 어떻게 하라는 구체적인 명령이 전혀 없는 본문이라 해도, 우리가 아닌 말씀 자체가 우리를 거룩하게 한다는 사실이 거의 예외 없이 바탕에 깔려 있다. 주님도 "그들을 진리로 거룩하게 하옵소서 아버지의 말씀은 진리니이다"라고 기도하지 않으셨던가?(요 17:17)

이러한 가르침이 야고보서 나머지 부분과 어떻게 조화를 이루는지 살펴보면, 야고보가 어떻게 실제적인 조언을 하는지 파악하는 데 도움이 될 것이다.

혀의 사용에 대한 20개의 결심

성경에 따르면, 욥은 고통 속에서 심한 압박을 느낄 때(욥은 자신도 모르게, 하나님을 기뻐하는 즐거움을 빼앗으려는 사탄의 특별한 공격을 받고 있었다) 마음의 거룩함을 잃지 않으려고 자신의 "눈과 약속했다"(욥 31:1 이하를 보라). 눈을 지킨다는 말은 육신의 눈뿐 아니라 마음의 눈을 지킨다는 뜻이다.

유혹과 영적 타협이 마음으로 침투하는 가장 쉬운 통로는 흔히 눈을 통해서다. 마찬가지로 죄는 마음에서 나올 때 가장 쉬운 통로

인 입을 사용한다. 잠언은 "더욱 네 마음을 지키라"고 권고한다. 그
리고 곧바로 "구부러진 말을 네 입에서 버리며 비뚤어진 말을 네 입
술에서 멀리하라"고 권고한다(잠 4:23-24). 마음을 지킨다는 말은 혀를
지킨다는 의미를 내포한다. 욥의 원리를 이 주제에 적용하면, "난 내
혀와 약속하겠다"라고 말하는 것과 같다.

놀랍게도 야고보는 이 서신을 통해 우리가 이렇게 할 수 있도록
돕는다. '디자이어링 갓'(Desiring God) 컨퍼런스를 통해 나오는 내용
들을 조나단 에드워즈의 〈결심〉과 같은 형식을 빌려 표현해 보고자
한다.

다음은 혀의 사용에 관한 야고보의 가르침을 토대로 작성한 20
개의 결심이다.

결심 1: 한마음으로 말하고 행하기 위해 하나님께 지혜를 구하겠
다.

너희 중에 누구든지 지혜가 부족하거든 모든 사람에게 후히 주시고
꾸짖지 아니하시는 하나님께 구하라 그리하면 주시리라 오직 믿음
으로 구하고 조금도 의심하지 말라 의심하는 자는… 무엇이든지 주
께 얻기를 생각하지 말라 두 마음을 품어 모든 일에 정함이 없는 자
로다(약 1:5-8).

결심 2: 내가 그리스도 안에서 높아지거나 세상에서 낮아지는 것만 자랑하겠다.

낮은 형제는 자기의 높음을 자랑하고 부한 자는 자기의 낮아짐을 자랑할지니 이는 그가 풀의 꽃과 같이 지나감이라(약 1:9-10).

결심 3: 내 입에 파수꾼을 세우겠다.

사람이 시험을 받을 때에 내가 하나님께 시험을 받는다 하지 말지니 하나님은 악에게 시험을 받지도 아니하시고 친히 아무도 시험하지 아니하시느니라(약 1:13).

결심 4: 듣기는 속히 하고 말하기는 더디 하겠다.

내 사랑하는 형제들아 너희가 알지니 사람마다 듣기는 속히 하고 말하기는 더디 하며 성내기도 더디 하라(약 1:19).

결심 5: 가난한 자들과 부자들에게 말하는 복음적인 방법을 배우겠다.

내 형제들아 영광의 주 곧 우리 주 예수 그리스도에 대한 믿음을 너희가 가졌으니 사람을 차별하여 대하지 말라 만일 너희 회당에 금가락지를 끼고 아름다운 옷을 입은 사람이 들어오고 또 남루한 옷을 입은 가난한 사람이 들어올 때에 너희가 아름다운 옷을 입은 자를 눈여겨보고 말하되 여기 좋은 자리에 앉으소서 하고 또 가난한 자에게 말하되 너는 거기 서 있든지 내 발등상 아래에 앉으라 하면 너희끼리 서로 차별하며 악한 생각으로 판단하는 자가 되는 것이 아니냐(약 1:1-4).

결심 6: 최후의 심판을 의식하며 말하겠다.

너희는 자유의 율법대로 심판 받을 자처럼 말도 하고 행하기도 하라(약 2:12).

결심 7: 절대로 비하하거나 경멸하거나 절망을 주는 말로 타인의 얼굴을 짓밟지 않겠다.

만일 형제나 자매가 헐벗고 일용할 양식이 없는데, 너희 중에 누구든지 그에게 이르되 평안히 가라, 덥게 하라, 배부르게 하라 하며 그 몸에 쓸 것을 주지 아니하면 무슨 유익이 있으리요(약 2:15-16).

결심 8: 절대로 내가 경험하지 않은 것을 주장하지 않겠다.

그러나 너희 마음속에 독한 시기와 다툼이 있으면 자랑하지 말라 진리를 거슬러 거짓말하지 말라(약 3:14).

결심 9: 악한 마음의 표시인 다툼을 일으키는 말을 하지 않겠다.

너희 중에 싸움이 어디로부터 다툼이 어디로부터 나느냐 너희 지체 중에서 싸우는 정욕으로부터 나는 것이 아니냐(약 4:1).

결심 10: 절대로 타인을 비방하지 않겠다.

형제들아 서로 비방하지 말라 형제를 비방하는 자나 형제를 판단하는 자는 곧 율법을 비방하고 율법을 판단하는 것이라 네가 만일 율법을 판단하면 율법의 준행자가 아니요 재판관이로다(약 4:11).

결심 11: 절대로 나의 성취를 자랑하지 않겠다.

들으라 너희 중에 말하기를 오늘이나 내일이나 우리가 어떤 도시에 가서 거기서 일 년을 머물며 장사하여 이익을 보리라 하는 자들아 내일 일을 너희가 알지 못하는도다 너희 생명이 무엇이냐 너희는 잠깐 보이다가 없어지는 안개니라(약 4:13-14).

결심 12: 언제나 하나님의 섭리에 복종하는 자로서 말하겠다.

너희가 도리어 말하기를 주의 뜻이면 우리가 살기도 하고 이것이나 저것을 하리라 할 것이거늘(약 4:15).

결심 13: 심판자가 문 밖에 서 계심을 알고, 절대로 투덜대지 않겠다.

형제들아 서로 원망하지 말라 그리하여야 심판을 면하리라 보라 심판주가 문 밖에 서 계시니라(약 5:9).

결심 14: 온전하게 진실한 말만 하겠다.

내 형제들아 무엇보다도 맹세하지 말지니 하늘로나 땅으로나 아무 다른 것으로도 맹세하지 말고 오직 너희가 그렇다고 생각하는 것은 그렇다 하고 아니라고 생각하는 것은 아니라 하여 정죄 받음을 면하라(약 5:12).

결심 15: 고난당할 때마다 기도로 하나님께 아뢰겠다.

너희 중에 고난당하는 자가 있느냐 그는 기도할 것이요(약 5:13).

결심 16: 즐거울 때마다 하나님을 찬양하겠다.

즐거워하는 자가 있느냐 그는 찬송할지니라(약 5:13).

결심 17: 아플 때 사람들에게 기도를 부탁하겠다.

너희 중에 병든 자가 있느냐 그는 교회의 장로들을 청할 것이요 그들은 주의 이름으로 기름을 바르며 그를 위하여 기도할지니라(약 5:14).

결심 18: 실패할 때마다 실패를 인정하겠다.

그러므로 너희 죄를 서로 고백하며(약 5:16).

결심 19: 주변에 도움이 필요한 사람이 있다면 그를 위해 기도하겠다.

병이 낫기를 위하여 서로 기도하라(약 5:16).

결심 20: 방황하는 사람을 볼 때 회복의 말을 해주겠다.

내 형제들아 너희 중에 미혹되어 진리를 떠난 자를 누가 돌아서게 하면 너희가 알 것은 죄인을 미혹된 길에서 돌아서게 하는 자가 그의 영혼을 사망에서 구원할 것이며 허다한 죄를 덮을 것임이라(약 5:19-20).

마지막으로, 야고보서 3장 1-12절을 복음의 맥락에서 살펴보도록 하자.

복음의 맥락에서 본 야고보서 3장 1-12절

이제 야고보서 3장 1-12절을 야고보서 전체의 맥락에서 다시 한번 읽어 보라. 그의 냉철한 분석이, 혀를 다스리고 하나님을 높이는 말을 하게 하는 실제적인 조언으로 둘러싸여 있음을 보게 될 것이다. 한 걸음 더 물러나 복음의 광각렌즈를 통해 보면, 야고보의 말과 행동에 대해 더 분명히 이해하고 평가할 수 있을 것이다.

잘 알듯이 종교개혁자 마르틴 루터는 초기에 야고보서를 '지푸라기 서신'이라고 생각했다.

복음서 전체와 요한일서, 바울 서신, 특히 로마서, 갈라디아서, 에베소서, 그리고 베드로전서는 그리스도를 우리에게 보여 주는 책이다. 설령 우리가 다른 어떤 책이나 가르침을 들은 적이 없더라도, 이런 책들만 보면 구원에 관해 알아야 할 전부를 배울 수 있다. 이들과 비

교할 때, 야고보서는 지푸라기로 가득한 서신이다. 야고보서에는 복음적인 것이 전혀 없기 때문이다.[8]

나중에 루터는 생각을 바꾸었다. 야고보의 가르침이 "영광의 주 곧 우리 주 예수 그리스도에 대한 믿음"(약 2:1)이라는 은혜의 가르침에 뿌리를 두고 여기서 힘을 얻는다는 사실을 알았기 때문이다. 이것을 깨닫지 못하면 그의 가르침을 제대로 해석하지 못한다.

여기에 비추어, 야고보가 영혼을 보살피는 목자로서 성취하려는 목적을 살펴본다면 복음 중심의 심오한 패턴을 찾아낼 수 있다. 그 것은 세 단계로 이루어진다.

1) 혀를 통해 우리 죄가 얼마나 깊은지, 우리 마음이 얼마나 더러운 지, 우리에게 구원의 은혜가 얼마나 절실히 필요한지 깨달으라.

이는 처음부터 끝까지 은혜의 방법이다. 이것은 이사야의 체험에서 가장 분명하게 나타난다. 구약성경 가운데 이사야 6장만큼 강력한 장은 없다. 그런데 이사야 6장이 1-5장과는 별개라는 듯이 읽는 경우가 종종 있다. 이런 식으로 따로 떼어 읽으면, 아주 분명한 패턴을 놓치게 된다.

이사야는 죄악으로 가득한 동시대인들의 양심을 쪼개어 낱낱이 드러냈다. 이사야는 여섯 차례 '화 있을진저'(또는 '화로다')라는 선언을 통해 사람들에게 하나님의 거룩한 진노를 외친다(사 5:8, 11, 18, 20, 21,

22). 자신의 양을 지키려고 호루라기를 불어 사냥개를 모으는 목자처럼, 하나님은 열방에서 자신의 종을 불러 모으신다. 이들은 화살이 날카롭고, 말굽이 부싯돌 같으며, 사자처럼 으르렁거릴 것이다. 그날에 흑암과 고난, 그리고 이스라엘의 거룩한 분의 무서운 심판이 있다(사 5:26-30). 그러나 여섯 차례에 걸친 '화 있을진저'라는 선언은 이제 선포될 절정의 선언, 곧 일곱째 '화 있을진저'라는 선언에 대한 기대감을 낳는다. 이사야는 마지막에 누구를 향해 '화 있을진저'라고 선언하는가?

해답은 이사야 6장에 등장한다. 이사야 선지자는 높이 들린 보좌에 앉으신 하나님을 알현하는데, 그분의 위엄이 성전에 가득하다. 이사야가 보니 완전하며 영원하며 거룩한 피조물들이 무한하고 영원하시며 처음부터 계셨고 스스로 거룩하신 분의 영광 앞에 얼굴을 가린다. 이사야 주변의 모든 것이 무너져 내릴 듯하다. 그의 내면에 있는 모든 것이 부서질 듯하다. 이사야는 "망하게 되었다"(lost 또는 ruined, 사 6:5). 이것은 큰 재앙이나 죽음 앞에서 느끼는 아찔한 침묵을 표현하는 말이다.[9] 그날은 그의 영적 체험에 있어 9·11 테러의 순간과 흡사하다. 이사야는 자신만은 안전하리라 생각하며 여섯 차례 저주를 선포했다. 그런데 이제 가장 강력한 마지막 저주를 바로 자신에게 선포해야 함을 깨닫는다. 왜 이사야 자신이 마지막 저주의 대상이어야 하는가? 그 이유는 이것이다. "화로다 나여 망하게 되었도다 나는 입술이 부정한 사람이요 나는 입술이 부정한 백성 중에 거주하면서 만군의 여호와이신 왕을 뵈었음이로다"(6:5).

그날 늦은 시간, 이사야는 잿빛 얼굴로 발끝까지 온몸을 떨며 친구 베냐민의 집으로 비틀비틀 들어갔을 것이다. 그는 '이스라엘의 거룩한 자'(the Holy One of Israel)의 환상에 대해 자세히 말한다. 이사야는 자신이 '입술이 부정한 사람'이라는 사실을 발견했다.

베냐민의 체계적인 대답이 들리는 듯하다. 베냐민은 오랜 친구가 불안해하는 게 걱정이다. "이보게, 자네는 아닐세. 자네는 절대로 입술이 부정한 사람이 아니라네. 자네는 가장 뛰어나고 가장 감동적인 설교자일세."

이사야는 이렇게 대답했을 것이다. "자네는 모르네. 나는 왕이신 그분을 뵈었네. 그 순간, 내 혀가 얼마나 더러운지 깨달았네. 그분의 빛에 내 혀의 숨어 있던 어둠이 드러났다네. 아, 이제 나는 어찌하나? 하나님이 나를 불러 사용하신 바로 그 도구가, 모든 사람이 '당신은 정말 은사가 있네요!'라고 말했던 바로 그 부분이 가장 깊은 죄에 빠졌다네. 나는 더러운 자일세! 아, 슬프고 또 슬프구나!"

어리석게도 우리는 죄와 벌이는 진짜 싸움이 우리의 '약한' 부분에서 일어난다고 생각한다. 죄는 우리의 '강한' 부분에, 곧 약점과 부족함보다 우리의 은사에 훨씬 더 교묘하게 둥지를 튼다. 이 사실을 깨닫기 전에는 죄의 깊이를 제대로 이해할 수 없다. 하나님이 주신 그 은사 속에서, 죄는 가장 교묘하고 음흉하게 활동한다. 그러나 이 것을 깨닫고 자기기만의 껍질에서 벗어나 회개에 이를 때, 하나님이 우리를 빚으신다.

나는 사람들 앞에서 말하는 게 쉽지 않다. 그런데 이것이 쉬워 보이는 사람들이 많다. 어쨌든 요즘 세대들은 사람들 앞에서 말하고, 논의나 논쟁에 참여하며, 글보다는 말로 자신을 표현하도록 교육받았다(적어도 나의 모국 스코틀랜드에서는 우리 세대도 예외가 아니었다).

그러므로 죄가 정확히 이 부분, 곧 우리의 말에서 가장 크게 넘치기 쉽다는 것은 놀랄 만한 일이 아니다.

이런 사실을 인식할 때에야 지금껏 우리의 혀가 얼마나 위험하고 파괴적이었는지 깨닫게 된다. 그럴 때에야 하나님께 부르짖어 회개하고, 눈물로 그분께 달려가 복음이 약속하는 용서를 구한다.

2) 우리가 그리스도 안에서 새로운 피조물이라는 사실을 인식하라.

야고보는 논증을 시작하면서 청중들에게 다음과 같이 촉구한다. "여러분이 알아야 할 사실이 있습니다. 여러분은 그리스도 안에서 새로운 피조물이 되었고, 참으로 그분의 피조물 중에 첫 열매가 되었습니다"(약 1:18). 나는 아직도 진정으로 바라는 만큼 성숙한 사람은 아니다. 그러나 하나님께 감사한 것은, 이전의 옛사람도 아니라는 것이다!

평범한 그리스도인의 삶을 위한 참으로 훌륭한 방법이 아닌가! 우리는 죄 때문에 손상된 창조 질서 속에 산다. 죄가 우리의 말을 왜곡하고 더럽혔다. 그러나 하나님은 새로운 창조 사역을 시작하셨고 그 사역의 몇몇 부분을 개시하셨는데, 이것은 예수 그리스도께서 다시 오실 때 완전히 성취된다. 그때에 만물이 '거듭나고'(regeneration, 마 19:28, 개역개정은 '새롭게 되어')[10], 모든 입이 예수 그리스도를 주(Lord)로 고백한다.

그러나 하나님이 우리를 어떻게 거듭나게 하시는지 깊이 주목하라. "그가 그 피조물 중에 우리로 한 첫 열매가 되게 하시려고 자기의 뜻을 따라 진리의 말씀으로 우리를 낳으셨느니라"(약 1:18).

거듭남은 하나님의 주권적인 사역이다. 그러나 이 일은 진공 상태에서 일어나지 않는다. 거듭남은 우리 눈을 열어 하나님 나라를 보게 하는 일을 포함한다(요 3:3). 따라서 하나님은 대개 우리의 생각(mind, 지성)을 비추는 복음의 진리로 우리를 거듭나게 하신다. 생각 속의 진리는 마음속에 진리를 빚는데, 다윗이 구했던 것도 바로 이것이었다(시 51:10). 그는 이것이 말을 변화시킨다는 사실을 깨달았다.

> 그리하면 내가 범죄자에게 주의 도를 가르치리니
> 죄인들이 주께 돌아오리이다
> 하나님이여 나의 구원의 하나님이여
> 피 흘린 죄에서 나를 건지소서
> 내 혀가 주의 의를 높이 노래하리이다
> 주여 내 입술을 열어 주소서

내 입이 주를 찬송하여 전파하리이다

(시 51:13-15).

거듭남은 새로운 성정(감정)을 만들어 내는 능력이 있으며, 새로운 성정은 새로운 언어 패턴으로 표현된다. 이것을 인식하는 것은 매우 중요하다.

3) 계속해서 '그 말씀' 안에 거하라.

말씀의 역사는 그리스도인의 삶을 개시할 뿐 아니라 지속적으로 발전시킨다. 내 혀는 하나님의 혀에서 나오는 말씀을 통해 지속적으로 깨끗해지고 변화된다. 우리의 마음은 귀를 열고 하나님의 말씀을 거듭 들을 때 새로워지고, 마음이 변하면 말도 바뀌게 된다. 원리는 이렇다. 우리의 입에서 나오는 말이 '하나님의 입'에서 나오는 말씀에 점점 강하게 지배된다. 혀의 성화는 우리 안에서 하나님의 말씀이 일으키는 역사인데, 하나님의 말씀은 우리가 들을 때 우리에게 오고, 우리가 받아들일 때 우리 안에 거한다.

이것이 주 예수 그리스도께서 혀를 사용하시는 '비결'이다. 마태는 주님이 이사야 예언의 후반부에 나오는 종의 노래(the Servant Songs) 가운데 첫 번째 노래의 예언을 성취하셨다고 기록했다.

그는 다투지도 아니하며 들레지도 아니하리니 아무도 길에서 그 소리를 듣지 못하리라 상한 갈대를 꺾지 아니하며 꺼져가는 심지를 끄지 아니하기를⋯ (마 12:19-20, 사 40:2-3 인용).

이것이 예수님의 삶에서 어떻게 실현되었는가? 그 해답은 세 번째 노래에 나온다.

주 여호와께서 학자들의 혀를 내게 주사 나로 곤고한 자를 말로 어떻게 도와줄 줄을 알게 하시고 아침마다 깨우치시되 나의 귀를 깨우치사 학자들같이 알아듣게 하시도다 주 여호와께서 나의 귀를 여셨으므로 내가 거역하지도 아니하며 뒤로 물러가지도 아니하며 나를 때리는 자들에게 내 등을 맡기며 나의 수염을 뽑는 자들에게 나의 뺨을 맡기며 모욕과 침 뱉음을 당하여도 내 얼굴을 가리지 아니하였느니라(사 50:4-6).

우리의 혀를 주님의 영광을 위해서만 사용하려면 하나님의 말씀이 우리 안에 풍성히 거하도록 하면 된다. 그러면 이런 결과가 나온다. "모든 지혜로 피차 가르치며 권면하고 시와 찬송과 신령한 노래를 부르며 감사하는 마음으로 하나님을 찬양하고 또 무엇을 하든지 말에나 일에나 다 주 예수의 이름으로 하고 그를 힘입어 하나님 아버지께 감사하라"(골 3:16-17).

하나님의 말씀이 우리 안에 거하면 영적인 일이 시작된다. 하나님의 입에서 빚어진 말씀을 생명의 떡으로 소화할 때, 그 말씀은 놀랍게도 우리의 생각과 감정과 의지를 빚기 시작한다.

거듭남과 칭의(稱義)는 하나님이 주시는 것이며, 나머지는 본질적으로 우리의 노력에 달렸다고 믿는 그리스도인이 아주 많다. 모두 잘못된 믿음이다. 우리는 하나님의 입에서 나오는 모든 말씀으로 살며, 그 말씀이 우리를 거룩하게 한다. 아침에 일어나 성경을 먹고 말씀에 잠기면 잠길수록, 그리스도의 말씀이 우리를 더 거룩하게 한다. 이처럼 말씀이 우리를 빚고 다듬을 때, 우리의 혀도 훈련되어져 간다. 그렇다. 엄격한 행동이 필요하다. 그러나 그 목적은 "그리스도의 말씀이 너희 속에 풍성히 거하게" 하는 것이어야 한다. 이것은 수동적인 행동이다!

이사야의 노래가 알려 주듯이, 이런 점에서 주님은 우리의 모범이 되신다. 그러나 모범이 그분의 최우선순위는 아니다. 예수님은 우리의 모범이 되기 위해 먼저 우리의 구주가 되셔야 했다. 이 모두는 이사야가 종의 노래에서 제시하는 웅장한 비전의 일부다(종의 노래는 예수님이 하나님의 말씀을 받아들이시는 데 매우 큰 영향을 미쳤다). 아버지가 아들의 귀를 여셨다. 아들은 거역하지 않으셨다. 아들은 기꺼이 "곤욕을 당하여 괴로우셨다." 재판과 정죄로 곤욕을 당하고 괴로울 때도 "입을 열지 않으셨다"(사 53:7).

주님은 왜 침묵하셨는가? 그분은 우리 입술에서 나온 모든 말 때문에 침묵하셨다. 하나님이 우리를 영원히 벌하셔야 할 이유가 되고도 남을 만한 모든 말 때문에 침묵하셨다.

예수님은 우리가 혀로 짓는 죄에 대한 하나님의 심판을 받기 위해 세상에 오셨다. 예수님은 대제사장과 본디오 빌라도의 법정에서 유죄 판결을 받으셨다. 그러나 그것은 나에 대한 유죄 판결이었다. 그분은 내가 입술과 혀로 지은 죄를 지고서 십자가에 달리셨다.

혀를 더 잘 다스리고 싶은가? 예수님의 모범을 따르고 싶은가? 그렇다면 무엇보다 먼저 그분이 우리의 구주이심을 이해해야 하며, 그 다음에 우리의 모범이 되심을 이해해야 한다.

> 하나님, 나는 죄인입니다. 내게 자비를 베푸소서.
> 예수님이 오셔서 침묵하심이
> 내가 혀를 잘못 사용하여 지은
> 모든 죄를 대신 지기 위함이시니 감사합니다.

예수님은 우리의 죄악 된 모든 말에 대한 하나님의 심판과 진노를 친히 받으셨다. 주님의 대속에 다음과 같은 고백을 하지 않을 수 없다.

> 만입이 내게 있으면 그 입 다 가지고
> 내 구주 주신 은총을 늘 찬송하겠네.

그분은 이 기도에 응답하시며, 이와 관련된 간구를 들으신다.

창에 허리 상하여 물과 피를 흘린 것
내게 효험 되어서 정결하게 하소서.

모든 죄는 깨끗이 씻겼다! 그리스도는 우리가 혀로 짓는 모든 죄로부터 우리를 구원하셨다. 우리는 해방되었고, 그래서 그분을 찬양한다. 구덩이와 진흙탕에서 구조되었으며, 이제 우리의 입술에는 하나님을 찬양하는 새 노래가 흘러나온다. 어휘가 달라지고, 억양도 달라진다. 그럴 때, 우리 삶에서 그리스도의 능력과 변화를 일으키는 은혜가 지속적으로 머물게 된다.

나는 미국 영주권을 가지고 미국에서 살고 있지만 내 고향은 스코틀랜드다. 그러나 사람들은 종종 내게 "억양이 특이해요!"라고 말한다. 억양 때문에 조금 고생스럽긴 하지만, 이 때문에 난 '짓궂은' 즐거움을 종종 만끽한다. 엘리베이터를 탈 때, 그 안에서 오가는 짧은 대화가 끝나고 내릴 때쯤이면 누군가 내게 묻는다. "억양이 특이해요. 어디 출신이세요?" 나는 닫히는 문을 향해 웃으며 말한다. "사우스캐롤라이나의 콜럼비아요." 문틈으로 점점 좁아지는 그들의 얼굴은 '아닌 것 같은데! 이 지역 출신 아니죠?'라는 어리둥절한 표정이다.

이는 하나님의 사람들이 예수님의 억양으로 말하는 법을 배울 때 어떤 일이 가능한지 잘 보여 준다. 결국 가장 중요한 것은 방에 있는 동안 사람들이 그리스도인인 당신의 말에 대해 어떻게 대답하느냐가 아니다. 오히려 가장 중요한 것은 당신이 방을 나갈 때 사람들이 던질지 모르는 물음이다. "저 분 어디 출신인가요?" "저 여자분 어디 소속인지 아세요?"

당신은 어떤가? 그분의 말씀이 풍성히 내주하는 사람이 되어 이제는 예수님과 조금 비슷한 '소리로' 말하게 되었는가? 결국 우리의 혀가 변화되어 나타나는 이런 모습이 영적 성숙이다. 우리에게서 이런 모습이 점점 더 나타나길 기도한다!

3

유창함과 십자가의 경이

말의 아름다움을 통해
예수님의 아름다움을 보게 하라

존 파이퍼 John Piper

우리 시대 기독교 복음주의를 대표하는 지도자. '기독교 희락주의자', '기쁨의 신학자'로 불린다. 33년 동안 설교자로의 부르심을 압도적으로 느낀 뒤 베들레헴침례교회(Bethlehem Baptist Church)에서 사역 후 지금까지 '디자이어링 갓 미니스트리'(Desiring God Ministries)를 통해 수많은 교회들을 지원하고 있으며, 베들레헴신학교에서 총장직을 맡고 있다.

저서로는 《존 파이퍼의 초자연적 성경 읽기》, 《존 파이퍼의 거듭남》, 《존 파이퍼의 성경과 하나님의 영광》, 《존 파이퍼의 병상의 은혜》, 《하나님을 들으라》(이상 두란노) 등 수십 권의 저서가 있다.

그리스도인은 유창하게(eloquence, 말재주, 말의 지혜-다른 성경 번역) 말해도 되는가? 신앙과 별로 관계없어 보이는 이런 질문을 왜 하느냐고 묻겠지만, 말에 대한 바울의 가르침을 보면 한번쯤은 생각해 봐야 할 문제라고 생각한다.

사도 바울은 고린도전서 1장 17절에서 이렇게 말했다. "그리스도께서 나를 보내심은 세례를 베풀게 하려 하심이 아니요 오직 복음을 전하게 하려 하심이로되 말의 지혜로(with words of eloquent wisdom) 하지 아니함은 그리스도의 십자가가 헛되지 않게 하려 함이라." 바울은 복음을 전하면서 말의 지혜, 곧 유창한 말로 하지 않았는데 이는 십자가를 가리지 않기 위해서였다. 내가 그리스도인의 유창함에 대해 다루려는 이유도 여기에 있다.

우리는 복음을 전하면서도 자신의 의도와 다르게 십자가를 헛되게 할 수 있다. 말의 유창함이나 기교, 인간의 지혜를 사용하는 경우가 그렇다. 따라서 우리는 십자가를 헛되게 하지 않기 위해 말의 유창함이나 기교, 지혜가 정확히 무엇인지 알아야 할 것이다.

바울은 고린도전서 2장 1절에서도 이렇게 말했다. "형제들아,

내가 너희에게 나아가 하나님의 증거를 전할 때에 말과 지혜의 아름다운 것으로(with lofty speech or wisdom) 아니하였나니" 바울은 말과 지혜의 아름다운 것을 피하고자 하였다.

그렇다면 우리가 전도할 때는 적절한 단어의 선택이나 배열, 전달 방식에 전혀 신경을 쓰지 말아야 한다는 것일까? 유창하게 말해서는 안 되는 것일까?

성경의 언어는 유창하다

시대를 막론하고 대부분의 성경학자들은 성경의 언어가 매우 유창하다는 사실을 지적했다. 예를 들면, 장 칼뱅은 "이사야의 어투는 단순하고 우아하며 고도의 기교로 이루어져 있다. 여기서 우리는 유창함이 믿음에 커다란 보탬이 되기도 한다는 점을 알게 된다"[1]고 말했다.

이와 비슷하게 시인 존 던(John Donne, 1572-1631)도 "성령께서 성경을 기록하실 때, 여기에는 언어의 정확성뿐 아니라 섬세함과 하모니, 멜로디, 고도의 은유와 상징이 기꺼이 사용되었다. 이것들이 독자들에게 더 큰 감동을 주기 때문이다"[2]라고 했다. 그는 성경의 언어가 매우 유창하며, 독자들이 받는 감동은 부분적으로 이러한 유창함 덕분이라고 말했다.

성령의 인도를 받는 유창함

마르틴 루터는 갈라디아서 4장 6절에 대한 주석에서, "성령께서 우리를 위해 중보하실 때 때로는 많은 말이나 긴 기도가 아니라 '아! 아버지!'와 같이 짧은 탄식으로 기도하신다. '아버지'라는 이 짧은 단어가… 고대 아테네의 정치가인 데모스테네스(Demosthenes)나 로마 철학자이자 정치가인 키케로(Cicero)와 같은 역사상 가장 뛰어난 웅변가들의 유창함을 훨씬 능가한다"[3]고 말했다. 루터는 때로 성령께서 친히 우리를 일종의 '유창한' 말씀으로 인도하신다고 했다.

칼뱅과 루터와 던의 이러한 관찰이 맞다면 십자가를 위해 말의 유창함을 포기했다는 바울의 말은 무슨 의미일까? 혹시 칼뱅과 루터와 던이 놓치고 있는 사실이 있는 것일까?

조지 휫필드와 조나단 에드워즈의 유창함

1740년 봄, 조지 휫필드는 필라델피아의 야외 집회에서 수천 명에게 설교를 하고 있었다. 벤자민 프랭클린도 그의 집회에 대부분 참석했는데, 비록 믿음은 없었지만 그의 설교에 대해 이렇게 말했다. "그의 설교는 유창한 말솜씨 덕에 크게 빛났다. 모든 억양, 모든 강세, 모든 음정 조절이 너무나 완벽하게 맞물려 돌아가고 적재적소에 배치되었다. 그래서 그가 말하는 주제에 관심이 없는 사람이라도 그의 설교를 듣는 게 즐겁기만 했다. 멋진 음악을 들을 때와 똑같은 즐거움이 있었다."[4]

횟필드의 설교는 그 내용을 믿지 않더라도 좋아할 수 있을 만큼 아주 유창했다. 말솜씨가 얼마나 훌륭했던지 전도의 내용에 무관심했던 프랭클린마저 그의 설교를 즐겁게 들었던 것이다. 그렇다면 횟필드가 십자가의 능력을 소멸한 것이었을까?

당신이 이러한 유창함에 전혀 개의치 않는 신세대 목회자라면, 유창함 같은 건 신경 쓰지 않으니까 문제가 없다고 생각하는가? 그렇다면 조심하라. 횟필드의 유창함이 그 시대를 최면에 빠뜨렸듯이 우리 시대에도 똑같은 결과를 부르는 유창함이 있다. '첨단', '힙한 것', '의상', '신세대의 말', '요령', '천연덕스러움', '꾸밈없는 외모' 같은 것들이다. 사람들은 아무런 거부감 없이 이런 것들을 좋아한다. 달리 말하자면, 그 누구도 이 긴급한 물음을 피할 수 없다. 우리는 모두 이 질문에 대답해야 한다.

이제 횟필드와 동시대 인물이었던 조나단 에드워즈를 생각해 보자. 그에게는 횟필드와 같은 극적인 유창함은 없었다. 그러나 다른 유창함이 있었다. '에드워즈가 유창한 말솜씨를 가진 설교자인가?' 라는 질문에 어떤 사람이 다음과 같이 답했다고 한다.

그는 일부러 꾸며내는 다양한 목소리도 없고 강력한 언변도 없었습니다. 손짓도 거의 없었고 몸도 거의 움직이지 않았죠. 그는 고상한 어투나 자신의 훌륭한 외모로 입맛을 돋우거나 상상력을 자극하려

하지도 않았습니다. 대신 그는 압도적인 논증과 강렬한 느낌으로 중요한 진리를 청중에게 제시하고, 자기 영혼을 다해 성경 말씀의 개념을 가장 적절하게 전달하는 데 심혈을 쏟아 부었어요. 그래서 처음부터 끝까지 청중의 주의를 사로잡았고 그들에게 지울 수 없는 감동을 남겼습니다. 이러한 점에서라면 에드워즈는 제가 아는 가장 유창한 설교자입니다.[5]

극적인 웅변가 스타일의 휫필드가 되었든, 꼼짝달싹할 수 없게 만드는 강한 논증가 스타일의 에드워즈이든, 중요한 것은 그들의 유창함이 그리스도의 십자가를 소멸시켰다고 볼 수 있는가 하는 점이다. 그들의 사역의 결과를 생각할 때 그들이 자신의 유창함으로 인해 십자가를 소멸시켰다고 보기는 어려울 것이다.

유창함은 그 자체가 목적이 아니다

"기독교적인 유창함이라는 것이 있는가?" 이제 이 긴급한 질문의 마지막 시각을 살펴보도록 하자. 〈책과 문화〉(Books and Culture)라는 잡지에 뉴욕 대학에서 영미문학을 가르치는 데니스 도나휴(Denis Donoghue) 교수의 저서 On Eloquence(유창함에 관하여)에 대한 서평이 실렸다. 나는 서평의 내용이 몹시 불만스러워서 도나휴 교수의 저서를 직접 구해 읽어 보았다.

도나휴는 자신의 책에서 유창함은 그 자체가 목적인 놀랍고 강력한 어투, 또는 스타일이라고 주장한다.

어떤 말이나 글이 유창할 수는 있다. 그러나 이런 경우에 유창함은 그 말이나 글의 목적에 부수적인 것이다. 수사(修辭)와는 달리 유창함은 목적이 없다. 유창함은 언어유희이거나 표현 수단이다. 유창함의 주된 요소는 쓸데없음(gratuitousness)이다.[6] …유창함은 목적이나 실행 중인 목표에 기여하지 않는다. …수사(修辭)에서는, 말하는 사람이 상대가 무엇인가를 하도록 설득하려 한다. 하지만 유창함에서는, 말하는 사람이 표현 방법 자체를 즐겁게 하려는 것이다.[7]

그는 목적 없는 유창함이 2천 년 전에 소피스트들로부터 시작되었다는 루마니아 출신의 작가 에밀 시오랑(E. M. Cioran, 1911-1995)의 주장에 동의한다. 그의 말을 인용하자면 다음과 같다.

소피스트들은 말에 대한 논의에서 최초로 단어, 곧 단어의 가치와 적절성, 역할을 숙고하는 데 몰두한 사람들이었다. 그들은 문투나 어투 그 자체를 하나의 고유한 목표, 또는 목적으로 인식한 최초의 사람들이었다.[8]

이런 점에서 유창함은 다른 목적들과는 무관하게 그 자체로 즐거운 말하기나 글쓰기의 형태가 되었다. 유창함은 목적이 없다. 유창함은 잉여이며 불필요한 것이다. 이것이 유창함이 유창함이게 한다. 유창함에 목적이 있다면 그것은 수사이며 다른 대의나 공리에 기여한다.

내가 〈책과 문화〉에 실린 도나휴의 저서에 대한 서평을 읽으면서 화가 났던 것은, 이 서평을 쓴 사람이 그리스도인으로서 유창함에 대한 도나휴의 견해에 깊이 매료되어 있었기 때문이었다. 서평자는 저자의 시각이 하나님이 세상을 잉여로, 불필요한 웅변적 요소로 치장하는 방식을 보여 주고 있다고 말한다.

> 유창함을 기독교적 견지에서 변호하는 것은 불가능할 것일까? 하나님의 창조만큼 더욱 웅변적인 요소가 있을까? 그것만큼 은혜로운 불필요함(잉여)이 어디 있겠는가? 모든 딱정벌레들, 보이지 않는 피조물들, 은하계 너머의 은하계들, 이 모든 것이 꼭 반드시 필요했던 것은 아니다. 셰익스피어가 꼭 필요하지도 않았고, 갓 태어난 나의 손자역시 반드시 꼭 있어야 할 존재였던 건 아니다.[9]

하지만 나의 생각은 다르다. 이것은 하나님의 목적성을 대하는 아주 오만한 태도이다. 하나님이 셰익스피어를, 은하계를, 우리가 모르는 수많은 종류의 식물과 동물을 창조하셨다. 하나님이 이것들을 기분에 따라 창조하셨는가 아니면 목적을 갖고 창조하셨는가? 이것들은 결코 잉여나 불필요한 것이 아니다.

내가 보기에 도나휴와 서평자는 하나님이 만물을 목적대로 다스리는 것에 대해서는 제대로 탐구하지 못했다. "만물이 다 그로 말미암고 그를 위하여 창조되었고"(골 1:16). 딱정벌레나 은하계 또한 잉여가 아니다. 이들은 예수 그리스도의 영광을 위해 창조되었다. 아직 발견되지 않은 은하계들까지도 그리스도의 위대하심을 드러낸다.

소피스트와 바울

소피스트들에 대한 도나휴의 언급과 바울이 고린도 교인들에게 한 말의 정황 사이에는 흥미로운 연결고리가 있다. 도나휴는 유창함에 대한 자신의 견해를 소피스트들에게까지 거슬러 올라간다. 소피스트들은 최초로 문체나 어투 "그 자체가 하나의 목표로, 하나의 고유한 목적"이라고 보았던 사람들이다. 바울이 고린도전서에 유창함 곧 말의 지혜에 대해 언급했던 성경 말씀의 배경을 보여 주는 설득력 있는 저서가 있다. 브루스 윈터(Brice Winter)의 *Philo and Paul among the Sophists*(소피스트들 사이의 필로와 바울)이다. 윈터는 분명하게 소피스트들과 유창함에 대한 그들의 시각이, 바울이 고린도전서에서 자신의 말과 사역 방식에 대해 언급한 내용의 배경이 되었다고 주장한다.[10] 그러므로 고린도 교회에 전한 말씀을 통해 바울이 어떤 종류의 유창함을 활용하고 어떤 종류의 유창함을 거부했는지 그 단서를 알아보자.[11]

이와 관련해서 고린도전서 1장 10-12절에 주목해야 할 사실이 있다. 고린도의 신자들은 각자 자신이 좋아하는 선생 뒤에 줄을 섬으로써 분파를 형성했다. "내가 이것을 말하거니와 너희가 각각 이르되 나는 바울에게, 나는 아볼로에게, 나는 게바에게, 나는 그리스도에게 속한 자라 하는 것이니"(12절).

그런데 이러한 분파는 각 선생들의 유창함과 관련이 있었다. 고린도후서 10장 10절에 따르면, 바울은 말이 유창하지 못해서 대적들에게 조롱을 받았다. 그들은 이렇게 말했다. "그의 편지들은 무게가 있고 힘이 있으나 그가 몸으로 대할 때는 약하고 그 말도 시원하지 않다."

이에 반해 고린도교회의 유력한 지도자 가운데 하나였던 아볼로는 말에 유창했다. 이는 사도행전 18장 24절에서 "알렉산드리아에서 난 아볼로라 하는 유대인이 에베소에 이르니 이 사람은 언변이 좋고 성경에 능통한 자라"라고 말한 데서 확인된다. 아볼로가 알렉산드리아 출신이라는 사실은 의미가 깊다. 알렉산드리아에서 활동했던 필로의 말에 따르면 그곳의 소피스트들은 사람들이 유창한 언변을 갖도록 훈련하는 데 매우 뛰어났다고 한다.[12]

여러 가지 자료를 토대로 볼 때 당시 고린도에도 소피스트들이 있었다.[13] 그들은 교육과 권력, 지혜의 한 증거로서 어투(문제)와 형식에 큰 가치를 부여했다. 고린도의 교인들 중에는 그들에게 영향을 받아 그들의 유창함을 칭송하고 기독교 선생들에게서 이러한 유창함을 발견하고자 하는 사람들이 있었을 것이다. 아볼로는 언변이 아주 뛰어났기 때문에 그들에게 인기가 많았을 것이다. 브루스 윈터는 이렇게 말한다. "바울은 의도적으로 소피스트들과는 정반대의 태도를 취하고, 소피스트들의 관례와 인식과 범주를 배경으로 자신의 고린도교회 설립 방식을 변호한다."[14]

이러한 배경에서 바울은 고린도전서 1장 17절에서 "그리스도께서 나를 보내심은 세례를 베풀게 하려 하심이 아니요 오직 복음을 전하게 하려 하심이로되 말의 지혜로 하지 아니함은 그리스도의 십자가가 헛되지 않게 하려 함이라"고 했다. 바울은 소피스트들의 유창함이 십자가를 헛되게 한다는 점을 보여 주기 위해 그들의 유창함을 반대했던 것이다.

십자가는 교만을 허물고 그리스도를 높인다

그러면 바울은 왜 소피스트들의 유창함이 십자가를 헛되게 한다고 했을까? 고린도전서 1장 18절에서 부분적이나마 이유를 짐작할 수 있다. "십자가의 도가 멸망하는 자들에게는 미련한 것이요 구원을 받는 우리에게는 하나님의 능력이라." 십자가에서는 우리의 죄가 가장 끔찍해 보이고 하나님의 값없는 은혜가 가장 밝게 빛난다. 그러므로 십자가는 우리의 교만을 허물고 그리스도를 높인다. 이러한 십자가는 '수사학적으로 정교한 유창함'[15]과 '엘리트 교육'[16]을 통해 인간의 칭송을 받으려는 소피스트들에게 미련해 보일 수밖에 없었다.

하지만 십자가는 그들이 미련한 자임을 드러내었다. 1장 20절은 이것을 확인해 준다. "지혜 있는 자가 어디 있느냐? 선비가 어디 있느냐? 이 세대에 변론가가 어디 있느냐?" 여기서 변론가(debater)란, 혀가 아주 민첩해서 어느 논쟁에서든 이기는 토론자를 말한다. 그는 부드럽고 똑똑하며 청산유수처럼 말을 한다. 말의 내용이나 진위 여부는 중요하지 않다. 오직 수사학적 기술만이 중요하다.

바울은 20절 끝에서 "하나님께서 이 세상의 지혜를 미련하게 하신 것이 아니냐?"고 묻는다. 그들은 논쟁에서 이겨 자신이 똑똑하고 유창하며 강하다는 사실을 과시하려 했지만 그것은 십자가의 관점에서 보면 극히 미련한 것이었다. 그러므로 바울이 거부하는 유창함이란 특정한 언어적 관습이 아니라 자신을 높이고 십자가에 달리신 주님을 하찮게 여기거나 무시하려는 의도에서 비롯된 언어유희를 의미한다.

이러한 상황에서 바울은 고린도전서 2장 1-2절에서 "형제들아, 내가 너희에게 나아가 하나님의 증거를 전할 때에 말과 지혜의 아름다운 것으로 아니하였나니, 내가 너희 중에서 예수 그리스도와 그가 십자가에 못 박히신 것 외에는 아무것도 알지 아니하기로 작정하였음이라"고 말했던 것이다. 바울이 말하는 바의 핵심은 이것이다. "나는 말싸움을 통해 자신을 높이고 십자가를 무시하는 서기관들과 논쟁자들을 만날 때마다, 그들의 말장난을 거부하고 십자가만을 높일 것이다."

유창함을 판단하는 두 가지 기준

이제 좋은 유창함과 나쁜 유창함을 구분하는 두 가지 기준에 대해 주목해 보자. 바울은 고린도전서 1장 26-29절에서 소피스트의 열광과 자랑에 대해 정면으로 공격하고 있다.[17]

> 형제들아, 너희를 부르심을 보라 육체를 따라 지혜로운 자가 많지 아니하며, 능한 자가 많지 아니하며, 문벌 좋은 자가 많지 아니하도다 그러나 하나님께서 세상의 미련한 것들을 택하사 지혜 있는 자들을 부끄럽게 하려 하시고, 세상의 약한 것들을 택하사 강한 것들을 부끄럽게 하려 하시며, 하나님께서 세상의 천한 것들과 멸시 받는 것들과 없는 것들을 택하사 있는 것들을 폐하려 하시나니, 이는 아무 육체도 하나님 앞에서 자랑하지 못하게 하려 하심이라.

자신을 낮추기

자기 백성을 택하셔서 십자가의 구원을 이루신 하나님의 계획은 "아무 육체도 하나님 앞에서 자랑하지 못하게 하려는" 것이다. 좋은 유창함과 나쁜 유창함을 판단하는 첫 번째 기준은 이것이다. 그 유창함이 자랑을 부추기는가? 그 유창함이 똑똑한 말로 자기를 높이려는 의도에서 비롯되었는가? 그렇다면, 바울은 이런 유창함을 거부한다.

그리스도를 높이기

바울은 연이어 고린도전서 1장 30-31절에서 이렇게 말한다.

> 너희는 하나님으로부터 나서 그리스도 예수 안에 있고, 예수는 하나
> 님으로부터 나와서 우리에게 지혜와 의로움과 거룩함과 구원함이
> 되셨으니, 기록된 바 자랑하는 자는 주 안에서 자랑하라 함과 같게
> 하려 함이라.

십자가뿐 아니라 거듭남의 은혜에서도, 하나님의 계획은 모든 자랑이 주 예수 안에서 이루어지게 하는 것이다. "자랑하는 자는 주 안에서 자랑하라." 따라서 좋은 유창함과 나쁜 유창함을 판단하는 두 번째 기준은, 유창함이 십자가에 달려 죽으신 그리스도를 높이는 가 하는 것이다.

바울은 두 번에 걸쳐 유창함을 고발했다. 그는 고린도전서 1장 17절에서 "말의 지혜로 하지 아니함은 그리스도의 십자가가 헛되지 않게 하려 함이라"고 하였고, 그리고 고린도전서 2장 1-2절에서는 "말과 지혜의 아름다운 것으로 아니하였나니, 내가 너희 중에서 예수 그리스도와 그가 십자가에 못 박히신 것 외에는 아무것도 알지 아니하기로 작정하였음이라"고 말했다. 두 구절의 핵심은 하나다. 인간의 지혜를 드러내고 교만하게 자신을 높이는 말은, 그리스도의 십자가 안에서 용납되지 않는다. 우리는 자신을 낮추고 그리스도를

높이는 말을 해야 한다.

성경은 유창함으로 가득하다

앞서 말한 대로 칼뱅과 루터, 그리고 존 던은 성경이 유창함으로 넘친다고 말했다. 결론적으로 그들이 옳았다. 성경은 언어에 영향력을 더하는 온갖 문학적 도구로 가득하다. 즉 아크로스틱(각 행의 첫 글자를 연결해서 단어를 만듦), 두운법, 비유, 의인화, 모음운, 대구법, 과장법, 반어법, 역설법, 직유법, 은유법, 풍자, 의성어, 반복, 리듬 등이 있다.

내가 보기에, 하나님은 자신처럼 이러한 아름다운 유창함을 활용하도록 우리를 초대하신다.

- 사람은 그 입의 대답으로 말미암아 기쁨을 얻나니 때에 맞는 말이 얼마나 아름다운고(잠 15:23).
- 경우에 합당한 말은 아로새긴 은 쟁반에 금 사과니라(잠 25:11).[18]
- 저는 자의 다리는 힘없이 달렸나니 미련한 자의 입의 잠언도 그러하니라(잠 26:7).
- 또 무엇을 하든지 말에나 일에나 다 주 예수의 이름으로 하고 그를 힘입어 하나님 아버지께 감사하라(골 3:17).

바꾸어 말하면, 당신의 말에 적절함, 적합함, 적당함, 타이밍을 더하라. 그리고 당신의 모든 말로 주 예수의 이름을 높이라.

유창함이 주는 유익

이제 마지막 물음을 살펴볼 차례다. 우리가 자신을 낮추고 그리스도를 높이는 말의 유창함을 추구한다면 우리의 말이나 글이 어떻게 달라지는 것인가? 오직 성령만이 거듭남의 역사를 만드시고, 영적으로 죽은 자를 살리신다. 성령은 복음 들고 산을 넘는 증인들이나 유창한 복음의 증인들을 통해 이렇게 하신다. 하나님은 유창하든 어눌하든, 우리의 말을 구원의 도구로 사용하실 수 있다. 하지만 우리가 유창하다면 다음과 같은 유익을 기대할 수 있다.

계속 관심을 갖게 한다

예술적이고 놀랍고 고무적이고 미적으로 즐거운 언어 선택은 사람들이 계속 깨어 집중하게 한다. 왜냐하면 사람들은 유창함 때문에 재미있어 하거나 신기해 하거나 즐거워하기 때문이다. 물론 유창함 자체는 회심을 일으키거나 죄를 깨닫게 하거나 성화를 가속시키지 못한다. 유창함은 목적을 이루는 하나의 수단일 뿐이다.

성경은 믿음이 들음에서 나고 들음은 말씀에서 난다고 한다. 하지만 조는 사람들이나 다른 것에 정신이 팔린 사람들은 말씀을 듣지 않는다. 그런데 유창함은 계속 깨어 있어 영혼을 구원하는 말씀을 듣게 한다. 유창함에는 이러한 힘이 있다.

공감을 일으킨다

예술적이고 놀랍고 고무적이고 미적으로 즐거운 언어는 적대적인 마음에도 큰 공감을 일으킬 수 있다. 언어가 재미있고 신선하면, 지루함이나 화냄이 극복되고 존경과 끌림과 집중으로 바뀔 수 있다. 이로 인해 말하는 사람과 듣는 사람이 가까워지기도 한다.

조지 횟필드와 벤자민 프랭클린의 이야기로 잠시 돌아가 보자. 프랭클린은 횟필드의 유창함에 압도되었다. 프랭클린은 횟필드가 허풍쟁이라고 생각하지 않았다. 그는 횟필드를 크게 칭찬했고 나중에는 횟필드와 아주 가까운 친구가 되었다. 횟필드의 전기 작가 해리 스타우트(Harry Stout)는 이렇게 말한다. "프랭클린은 종교 문제에 대해 다른 누구보다도 횟필드와 많은 대화를 나누었다. 횟필드에게서 자신이 신뢰할 만한 모습을 발견했기 때문이다."[19] 그러므로 횟필드는 프랭클린에게 그리스도에 관해 그 누구와도 다르게 말할 수 있었다.

감성을 깨운다

신선하고 놀랍고 고무적이고 미적으로 즐거운 말은 사람의 지성과 감성을 깨우는 효과가 있다. 그것이 거듭남은 아닐지라도 아름다운 것들에 대한 우리의 감성과 지성을 깨우기 때문에 매우 중요하다. 한 구절의 시가 사람들로 태양의 장엄함에 주목하게 한다면, 그다음 단계에서 하늘이 선포하는 하나님의 영광을 보고(시 19:1), 그리스도는 의의 태양이라고 고백하게 될지도 모른다(말 4:2).

이런 이유 때문에 다윗은 "하늘이 하나님의 영광을 선포하고"(시 19:1)라고 노래하고, 다음으로 "하나님이 해를 위하여 하늘에 장막을 베푸셨도다 해는 그의 신방에서 나오는 신랑과 같고 그의 길을 달리기 기뻐하는 장사 같도다"(시 19:4-5)고 노래하지 않았는가? 왜 떠오르는 태양을 신랑과 달리는 자에 비유했는가? 육적인 깨움이 영적인 깨움으로 이어져 자연이 하나님의 영광을 선포한다는 사실을 깨닫게 되길 바라면서, 떠오르는 태양의 아름다움을 표현했던 것이다.

기억하기 쉽게 한다

유창함은 들은 바를 기억하거나 암기하기 쉽도록 한다. 성경의 몇몇 부분이 연상기호들로 기록된 이유는 기억하기 쉽도록 하기 위해서일 것이다. 예를 들면, 시편 119편은 22연(聯)으로 되어 있는데 한 연은 8절로 이루어졌다. 각 연은 히브리 알파벳 가운데 하나로 시작하는데 한 연의 여덟 절 모두 같은 알파벳으로 시작한다. 이것은 우연이 아니라 의도적이고 예술적인 장치들이다.

말의 힘을 키운다

인상적이고 아름다운 언어를 구사하려는 시도는 진리와 연합하여 말의 힘을 극대화하도록 도와준다. 우리가 아름다운 대상을 예쁘게 표현하려고 할 때, 유창함이라는 형식은 그 대상의 아름다움을 훨씬 잘 드러나게 해준다.

이와 같이 유창함이라는 방법과 진리의 내용이 하나가 된다면 전하려는 메시지를 가장 효과적으로 드러낼 수 있다. 그리스도의 영광이 우리의 궁극적인 주제라면, 그리스도께서 만물을 창조하시고 그것을 붙들고 계신다면, 진리의 아름다움과 형식의 아름다움을 조화시키는 일은 주님을 높이는 가장 좋은 방법이 될 것이다.

우리가 사람들에게 이렇게 말했다고 생각해 보자. "제가 하는 아름다운 말들은 그림자입니다. 만물을 창조하시고 붙드시며 우리의 불완전함을 자비롭게 받아주시는 그리스도가 실체입니다. 그분께로 눈을 돌리세요. 그분께 가십시오."

사람들이 우리가 하는 말의 아름다움을 통해 예수님의 아름다움을 본다면, 설령 그가 곧장 주님을 영접하지 않는다고 해도, 우리는 그들에게 그리스도의 아름다움을 전하고 그들을 초대한 것이다. 하나님의 주권적 은혜가 있기에 우리가 어떤 단어를 선택하든지 그 단어들 때문에(또는 그 단어들에도 불구하고) 하나님은 사람들의 마음에서 자신을 영화롭게 하실 것이다. 하나님은 우리를 계속 겸손하게 하시고 모든 영광을 홀로 받으실 것이다. 아멘.

4

말의 균형

때로는 거친 말이
사람을 살린다

마크 드리스콜 Mark Driscoll

시애틀의 마스힐교회(Mars Hill Church) 설립자이다. '사도행전 29장 교
회 개척 네트워크'(Acts 29 Church Planting Network)의 회장이었으며 '선교 신
학 협의회'(Missional Theology Cooperative)를 이끌고 있다. 《십자가: 사랑과 죽
음》, 《구약 성경 어떻게 읽을 것인가》를 비롯해 여러 권의 저서를 냈다.
아내 그레이스와의 슬하에 다섯 자녀를 두었다.

성경을 보면 하나님은 말을 통해 일하신다. 무엇보다 하나님은 말씀으로 세상을 창조하셨다. 시편 33편 6절은 이를 분명히 보여주고 있다. "여호와의 말씀으로 하늘이 지음이 되었으며 그 만상을 그의 입 기운으로 이루었도다."

말씀으로 일하신 가장 위대한 일은 말씀이신 예수님께서 직접 세상에 오신 일이다. 요한복음 1장 14절을 보면 "말씀이 육신이 되어 우리 가운데 거하시매 우리가 그의 영광을 보니 아버지의 독생자의 영광이요 은혜와 진리가 충만하더라"고 말하고 있다.

하나님이 말씀하신 방식을 보면 매우 다채롭다. 성경에서 우리는 하나님이 때로는 거친 말로, 때로는 부드러운 말로 자기 백성에게 말씀하신 것을 발견하게 된다. 하나님은 말씀으로 저주도 하시고 축복도 하셨다. 하나님의 말씀은 죽이기도 하고 살리기도 하신다. 하나님은 시내산에서는 율법에 대해 말씀하셨고, 골고다에서는 복음에 대해 말씀하셨다. 거친 말과 부드러운 말 사이의 이러한 균형은 궁극적으로 하나님의 성품에 뿌리를 둔다.

바울은 로마서 11장 22절에서 "하나님의 인자와 엄위를 보라"고 말했다. 성경에는 사랑에서 비롯된 부드러운 말과 거친 말이 함께 들어 있다. 성경에는 양, 돼지, 늑대에 대한 하나님의 말씀이 들어 있다. 이를 보면 하나님께서 때로는 부드럽게, 때로는 거칠게 말씀하셨다는 것을 알 수 있다. 우리는 이를 통해 하나님의 말씀이 한쪽으로 치우치지 않고 균형 잡힌 것임을 발견하게 된다.

양을 먹이라

양은 성경에서 가장 빈번하게 언급되는 동물이다. 에스겔서 34장을 보면, 양은 시종일관 힘없고 겁 많은 동물로 묘사된다. 양은 어리석기 때문에 방황하기 쉽고, 분별력이 없기 때문에 거짓 목자를 따르거나 길을 잃기 쉽다. 이리저리 내몰린 양들은 배고프고 목마르며 지친 상태로 방치되기 쉽다. 또한 방어수단이 없기 때문에 대개 싸워보지도 못한 채 상처 입고 죽는다. 성경은 그리스도인이 양이라고 분명하게 말한다. 그래서 하나님이 참된 목자가 되셔서 잃어버린 양을 되찾고 쫓겨난 자가 돌아오게 하며 상한 자를 싸매 주고 병든 자를 강하게 하겠다고 하셨다.

요한복음 10장 11절에서 예수님은 자신이 선한 목자로서 양들을 위하여 목숨을 버린다고 하셨고, 요한복음 4장에서는 당시 유대인이 비천하게 여겼던 사마리아 여인과 만나 참된 생수에 대해 말씀하시며 돌보셨다.

베드로전서 5장 1-3절에서 베드로는 장로들에게 자원하고 즐거운 마음으로 양 무리를 치되 그들의 본이 되라고 하셨고, 로마서 14장 1-3절에서 바울은 믿음이 연약하여 채소만 먹는 사람들을 업신여기거나 판단하지 말고 받아 주라고 하였다.

이처럼 성경은 양이 서로 어떻게 말해야 하고, 목자가 양에게 어떻게 말해야 하는지 그 어조(語調)와 내용까지 제시한다. 하지만 모든 그리스도인이 양처럼 부드러운 말씀을 들을 수 있었던 것은 아니다. 성경은 다른 이야기도 들려준다.

돼지를 꾸짖으라

성경 시대에 돼지는 먹이를 찾아 거리를 배회하는 더러운 동물이었다. 그리고 하나님의 백성에게 부정한 존재였다. 그래서 하나님을 섬긴다면서도 추악한 죄 가운데 회개 없이 살아가는 위선자들을 가리킬 때 이 단어를 사용했다. 탕자의 비유에서 작은아들이 습관적으로 죄에 빠져 살다가 결국 돼지들과 함께 먹는 신세로 전락한 모습을 봐도 그렇고(눅 15:11-32), 예수님이 진주를 돼지에게 던지지 말라고 하신 이유도 그러하다(마 7:6).

성경은 이러한 돼지를 꾸짖으라고 가르친다. 그런데 이들 돼지를 책망하면, 어떤 사람들은 사랑이 부족하다며 비난한다. 그들은 돼지를 꾸짖어야 한다는 성경 말씀은 간과한 채 사랑과 관련된 구절만 떼어 문맥과 상관없이 인용한다. 하지만 성경을 보면 꾸짖으라는 말씀이 분명하게 기록되어 있다.

바울은 디모데에게 "범죄한 자들을 모든 사람 앞에서 꾸짖어 나머지 사람들로 두려워하게 하라"(딤전 5:20)고 했고, "범사에 오래 참음과 가르침으로 경책하며 경계하며 권하라"(딤후 4:2)고 하였다. 또 디도에게 "바른 교훈으로 권면하고 거슬러 말하는 자들을 책망하"(딛 1:9)고, "그들을 엄히 꾸짖으며, …모든 권위로 책망하라"(딛 2:13, 15)고 가르쳤다.

성경이 꾸짖으라고 말씀하신 돼지들에 대해 심리학적이고 '인간 중심적인' 사랑의 이름을 내미는 것은, 현대의 문화적 취향에서 나온 견해일 뿐이다. 다시 말해 그것은 분명 성경의 가르침이 아니다. 우리의 문화가 성경의 가르침과 상충할 때, 그것이 무엇이든 간에 고쳐야 하는 쪽은 성경이 아니라 문화적 취향이다.

이사야는 가슴 선이 파인 블라우스와 짧은 스커트 차림의 아주 매혹적인 성도들에게 단호한 어조로 말한다.

여호와께서 또 말씀하시되 시온의 딸들이 교만하여 늘인 목, 정을 통하는 눈으로 다니며 아기작거려 걸으며 발로는 쟁쟁한 소리를 낸다 하시도다 그러므로 주께서 시온의 딸들의 정수리에 딱지가 생기게 하시며 여호와께서 그들의 하체가 드러나게 하시리라(사 3:16-17).

하나님은 성결함을 잃고 세속적 탐욕과 교만, 그리고 정욕에 빠진 이스라엘 백성을 더러운 여자로 비유하시면서 그들에 대한 심판을 단호하게 말씀하셨다. 하나님은 마지막 날에 이들에게서, 발찌, 머리띠, 반달 장식, 귀고리, 스카프, 팔찌, 허리띠, 향수병, 부적, 가락지, 코걸이, 고운 옷, 겉옷, 외투, 손지갑, 손거울, 모시옷, 머릿수건, 너울을 벗기실 것이다.

> 그 때에 썩은 냄새가 향기를 대신하고 노끈이 띠를 대신하고 대머리가 숱한 머리털을 대신하고 굵은 베옷이 화려한 옷을 대신하고 수치스러운 흔적이 아름다움을 대신할 것이며(사 3:24).

아모스서에는 돼지 같은 이스라엘에 대한 준엄한 꾸짖음이 기록되어 있다. 하나님은 아모스 4장 1절에서 가난한 사람들을 착취하여 탐욕으로 배를 채운 이스라엘의 부자들에 대해, "사마리아의 산에 있는 바산의 암소들아 이 말을 들으라 너희는 힘없는 자를 학대하며 가난한 자를 압제하며 가장에게 이르기를 술을 가져다가 우리로 마시게 하라 하는도다"라고 하셨다.

그리고 6장 4-6절에서는 이스라엘의 지도자들이 "상아 상에 누우며 침상에서 기지개 켜며 양 떼에서 어린 양과 우리에서 송아지를 잡아서 먹고 비파 소리에 맞추어 노래를 지절거리며 다윗처럼 자기를 위하여 악기를 제조하며 대접으로 포도주를 마시며 귀한 기름을 몸에 바르면서 요셉의 환난에 대하여는 근심하지 아니하는 자로다"
라고 하셨다.

이처럼 하나님의 꾸짖음은 그분이 사랑의 하나님이라고 믿기 어려울 만큼 엄중하다. 하나님이 그들의 죄악에 대해 얼마나 싫어하시는지 그리고 그것에 대해 얼마나 강도 높게 꾸짖으시는지는 그들의 죄악에 대한 묘사가 매우 생생하고 구체적이라는 점에서도 확인된다.

하나님은 에스겔 16장과 23장에서도 우상 숭배를 일삼는 이스라엘 백성에게 이렇게 말씀하셨다.

- 네가 높은 대를 모든 길 어귀에 쌓고 네 아름다움을 가증하게 하여 모든 지나가는 자에게 다리를 벌려 심히 음행하고 하체가 큰 네 이웃나라 애굽 사람과도 음행하되 심히 음란히 하여 내 진노를 샀도다 그러므로 내가 내 손을 네 위에 펴서 네 일용할 양식을 감하고 너를 미워하는 블레셋 여자 곧 네 더러운 행실을 부끄러워하는 자에게 너를 넘겨 임의로 하게 하였거늘(겔 16:25-27).
- 그가 이같이 그의 음행을 나타내며, 그가 하체를 드러내므로, 내 마음이 그의 형을 싫어한 것 같이 그를 싫어하였으나, 그가 그의 음행을 더하여 젊었을 때 곧 애굽 땅에서 행음하던 때를 생각하고, 그의 하체는 나귀 같고 그의 정수는 말 같은 음란한 간부를 사랑하였도다. 네가 젊었을 때에 행음하여 애굽 사람에게 네 가슴과

유방이 어루만져졌던 것을 아직도 생각하도다(겔 23:18-21).

당시 이스라엘 백성은 하나님만 섬겨야 한다는 명령을 따르지 않고 대신 탐욕을 따라 온갖 우상을 숭배하였고 많은 신들을 숭배했던 애굽과 교류하며 온갖 잡신들과 우상들을 섬기며 타락을 거듭해 갔다. 이스라엘 백성은 자신들의 신인 다곤만을 섬긴 블레셋 족속보다 못한 존재가 되었다. 이러한 이스라엘의 범죄에 대해 하나님은 그들이 심히 음행하였다고 묘사하시며 그들을 꾸짖으셨고, 그래서 이방인인 블레셋에게 넘겨져 수치를 당하도록 하겠다고 말씀하셨다.

오늘날 살찐 암소 같으며 엄청난 유지비가 필요한 부인들, 훈련소 신병들처럼 머리를 밀고 반쯤 벗고 다니는 여자들, 발정한 나귀처럼 싸돌아다니는 사내들은 교회 아이들에게 전혀 귀감이 되지 못한다. 그런데도 이들이 성경에 등장하는 것은 돼지를 어떤 식으로 꾸짖어야 하는지 보여 주는 본보기이기 때문이다.

우리가 정말 돼지를 사랑한다면, 그들이 자신의 더러움을 깨닫고 회개하여 죄 사함을 받도록 '거친 말'로 꾸짖어야 한다. 바울은 디모데후서 3장 16절에서 "모든 성경은 하나님의 감동으로 된 것으로… 책망… 하기에 유익하니"라고 말했다.

늑대를 쏴라

늑대는 거짓 선생과 이단으로 대개 양을 공격해 잡아먹는 자라면 모두 늑대다. 그들은 개들이요, 행악하는 자들이며(빌 3:2), 헛된 속임수를 쓰며(골 2:8), 신화와 끝없는 족보에 몰두하고(딤전 1:3-7), 양심에 화인(火印)을 맞아 거짓말하며(딤전 4:1-2), 허탄한 신화를 좇고(딤전 4:7), 교만하여 아무것도 알지 못하고 마음이 부패한 자들이다(딤전 6:3-5). 그리고 어리석고 무식하며(딤후 2:23), 임박한 멸망을 스스로 취하는 자들이며(벧후 2:1-3), 적그리스도다(요일 2:18). 성경은 늑대를 감독이나 목사라고 부르지 않는다. 그러나 늑대는 일반적으로 이런 직함이 들어간 명함을 즐겨 사용한다.

성경은 양을 대하듯이 늑대를 대해서는 안 된다고 분명하게 말한다. 마르틴 루터가 적절하게 말했다. "늑대는 더없이 가혹하게 다뤄야 하고, 연약한 양은 더없이 부드럽게 다뤄야 한다."[1] 더글라스 윌슨(Douglas Wilson) 목사도 비슷하게 말한다. "양은 양에게 친절해야 한다. 목자는 양에게 친절해야 한다. 그러나 목자가 늑대에게 친절하다면, 이것은 늑대가 양을 물어뜯도록 방치하는 것이 된다. 양에 대한 친절은 곧 늑대에 대한 적대감이다. 늑대와 양을 야합시키려는 시도는 그것이 무엇이든지 늑대를 만족시킬 뿐이다."[2]

늑대는 또한 종교적 위선자이다. 예수님은 서기관과 바리새인에 대해 부드럽게 말씀하지 않으셨다. 그들을 단호하게 공격하시며 거칠게 말씀하셨다. 마태복음 23장에 보이는 서기관과 바리새인에 대한 예수님의 태도는, 종교적 위선자에 대해 예수님께서 어떤 입장을 취하셨는지 분명하게 보여 준다. 예수님은 분노하여 "화 있을진저"라고 하시며 그들에게 재앙을 퍼부으셨다. 그들을 대적하고 저주하는 직격탄을 날리신 것이다. 예수님의 말씀은 양 떼 앞에서 늑대에게 날리는 일련의 강력한 탄환이었다.

> 그들은 말만 하고 행하지 아니하며 또 무거운 짐을 묶어 사람의 어깨에 지우되 자기는 이것을 한 손가락으로도 움직이려 하지 아니하며 그들의 모든 행위를 사람에게 보이고자 하나니… 잔치의 윗자리와 회당의 높은 자리와 시장에서 문안 받는 것과 사람에게 랍비라 칭함을 받는 것을 좋아하느니라…
> 화 있을진저, 외식하는 서기관들과 바리새인들이여 너희는 천국 문을 사람들 앞에서 닫고 너희도 들어가지 않고 들어가려 하는 자도 들어가지 못하게 하는도다… 너희는 교인 한 사람을 얻기 위하여 바다와 육지를 두루 다니다가 생기면 너희보다 배나 더 지옥 자식이 되게 하는도다…
> 화 있을진저, 외식하는 서기관들과 바리새인들이여 너희가 박하와 회향과 근채의 십일조는 드리되 율법의 더 중한 바 정의와 긍휼과 믿음은 버렸도다 그러나 이것도 행하고 저것도 버리지 말아야 할지니라 맹인 된 인도자여 하루살이는 걸러 내고 낙타는 삼키는도다 화 있을진저 외식하는 서기관들과 바리새인들이여 잔과 대접의 겉은 깨

곳이 하되 그 안에는 탐욕과 방탕으로 가득하게 하는도다…

화 있을진저, 외식하는 서기관들과 바리새인들이여 회칠한 무덤 같
으니 겉으로는 아름답게 보이나 그 안에는 죽은 사람의 뼈와 모든 더
러운 것이 가득하도다 이와 같이 너희도 겉으로는 사람에게 옳게 보
이되 안으로는 외식과 불법이 가득하도다…

너희는 선지자들의 무덤을 만들고 의인들의 비석을 꾸미며 이르되
만일 우리가 조상 때에 있었더라면 우리는 그들이 선지자의 피를 흘
리는 데 참여하지 아니하였으리라 하니 그러면 너희가 선지자를 죽
인 자의 자손임을 스스로 증명함이로다 너희가 너희 조상의 분량을
채우라 뱀들아 독사의 새끼들아 너희가 어떻게 지옥의 판결을 피하
겠느냐(마 23:3-33).

이처럼 거친 말씀은 신학교에 들어가 각주가 붙은 두꺼운 신학
책을 읽은 서기관과 바리새인에게 틀림없이 매우 충격적이었다. 그
들은 예수님을 어떻게 처리할 것인가에 대해서만 궁리할 뿐 자기들
이 잘못되었다는 데는 동의하지 않았다. 그들의 블로그에는 온통
자신들이 옳다는 변호와 예수는 상담과 내적 치료가 필요하다는 내
용이 적혀 있었을 것이다.

하지만 예수님은 종교적 위선자에 대해 단호하셨다. 그들은 말
만 하고 실천이 없었고 높임을 받기 좋아했으며, 율법을 형식적으로

만 추구하고 본질은 무시했으며, 겉은 깨끗하되 속은 탐욕으로 가득 찼으며, 자신들의 잘못에 대한 하나님의 준엄한 비판을 멸시했다. 예수님은 그들을 향해 '뱀들아 독사의 새끼들아'라고 불렀다. 예수님이 보기에 그들은 지옥의 판결을 피할 수 없는 존재였다.

슬프게도 오늘날 대부분의 복음 설교는 진리의 절반만 전한다. 굽은 길로 행하는 죄인들에게만 회개하라고 요구할 뿐이다. '나는 너보다 거룩하다'고 생각하는 교만한 종교적 위선자를 꾸짖는 열정적인 외침은 찾기 힘들다. 그들은 교회 밖의 '죄인'들에게 회개하도록 외치는 설교는 좋아하지만, 자신들의 위선을 지적하고 회개를 요구하는 설교는 싫어한다.

그들은 형식을 지키고 있는 것으로 종교적 의무를 다했다고 생각한다. 갈라디아 교회의 유대주의자들을 보면 이러한 점이 분명하게 이해된다. 그들은 참된 복음보다는 할례를 더욱 중요하게 생각했다. 하지만 바울의 생각은 달랐다.

형제들아 내가 지금까지 할례를 전한다면 어찌하여 지금까지 박해를 받으리요 그리하였으면 십자가의 걸림돌이 제거되었으리니 너희를 어지럽게 하는 자들은 스스로 베어 버리기를 원하노라 형제들아 너희가 자유를 위하여 부르심을 입었으나 그러나 그 자유로 육체의 기회를 삼지 말고 오직 사랑으로 서로 종노릇하라 온 율법은 네 이웃 사랑하기를 네 자신같이 하라 하신 한 말씀에서 이루어졌나니⋯(갈

5:11-14).

그는 이웃을 사랑하라고 말하면서 동시에 할례를 전하는 유대인들에 대해서는 단호하게 대적했다. 이러한 형식주의자들에게는 그들 스스로 베어 버리라고 말해 주는 것이 진정한 사랑이다.

하나님의 말씀은 바리새인과 유대주의자 같은 늑대 무리를 쏘라고 말한다. 그뿐 아니라 늑대 한 마리 한 마리를 쏘라고 말한다. "어떤 이들은 이 양심을 버렸고 그 믿음에 관하여는 파선하였느니라 그 가운데 후메내오와 알렉산더가 있으니 내가 사탄에게 내준 것은"(딤전 1:19-20). 바울은 나중에 이렇게 말한다. "그중에 후메내오와 빌레도가 있느니라 진리에 관하여는 그들이 그릇되었도다"(딤전 2:17-18).

루터 또한 교회사에서 늑대를 대적한 대표적인 인물이었다. 그는 교황주의자들에게 결코 부드럽게 말하지 않았다. 그들을 철저하게 대적했다. 루터는 대적을 향한 자신의 통렬한 말투가 그리스도와 사도를 닮았다면서 자신을 변호했다.

사실이다. 나는 경건치 못한 가르침에 대개 독설을 퍼붓고, 나의 대적들을 지체 없이 물어뜯는다. 이들이 도덕적으로 악하기 때문이 아니라 경건하지 못하기 때문이다. 나는 이런 행동을 전혀 후회하지 않기에 앞으로도 자신의 대적을 독사의 자식, 맹인, 외식하는 자, 마귀의 자식이라 부르신 그리스도를 본받아, 그 같은 불타는 열정으로 대적들을 계속 경멸할 것이다. 바울은 마술사를 거짓과 악행이 가득한 자요 마귀의 자식이라 불렀고, 몇몇 거짓 사도에 대해서는 개, 속이는 일꾼, 그리스도의 사도로 가장하는 자들이라고 불렀다. 보통 사람들이 이 말을 들었다면 바울만큼 신랄하고 격한 사람이 없다고 말했으리라. 또한 선지자들은 얼마나 신랄하였는가? 그러나 요즘 사람들은 아첨꾼의 달콤한 말에 아주 민감하다. 그래서 자신을 칭찬하지 않으면 곧바로 그 사람이 악하다고 말한다. 진리를 말하는 사람에게 그들이 무례하고 조급하며 과격하다고 핑계를 대며 거부한다. 그러나 소금이 신랄하지 않으면 무슨 짠맛을 내겠는가? 칼날이 무디면 어디에 쓰겠는가?[3]

루터는 자신의 말이 격하다는 사실을 부정하지 않았다. 그래서 이렇게 말했다.

내가 조금 지나치게 격하다는 사실을 부정하지는 않겠다. …그러나 저들이 나만이 아니라 하나님의 말씀까지 아주 잔혹하고 무자비하게 공격하기 때문에, 나로서는 온화하게 말할 여유가 없다. 이런 상황이라면, 아주 냉정한 사람이라도 참지 못하고 분개하며 전쟁을 벌이지 않을까 싶다. 하물며 나처럼 기질이 불같은 사람이나 전혀 무디지 않은 펜이 어찌 전쟁을 벌이지 않겠는가? 이 괴물들은 내가 온순하도록 내버려두질 않는다. 대적을 거스르는 모든 말을 폭언으로 여기는 새롭고 고지식한 태도는 도대체 어디서 나왔는지 모르겠다. 당신은 그리스도를 어떻게 생각하는가? 그분이 유대인들을 악하고 음란한 세대, 독사의 자식, 외식하는 자, 마귀의 자식이라 부르신 게 폭언이었는가? 바울도 개들, 헛된 말을 하는 자들, 유혹하는 자들, 무지한 자들에 대해 말한다. 사도행전 13장 10절에서 바울은 거짓 선지자에게 얼마나 격분하는지 마치 미친 사람 같다. 그는 이렇게 말한다. "모든 거짓과 악행이 가득한 자요 마귀의 자식이요 모든 의의 원수여!" 왜 바울은 심하게 퍼붓는 대신에 부드럽게 말하면서 그를 회심시키려 하지 않았을까? 진리는 불의한 대적에 대해서는 절대 참지 못하기 때문이다.[4]

부드러운 어조만 좋아하도록 조율된 현대인들은, 마치 분노는 악하며 허브 차와 심호흡 운동과 가부좌 자세보다 미개한 것이라는 듯, 루터의 말을 화난 사람의 폭언으로 여길 것이다. 하지만 루터는 독선적인 분노에서 나온 말과 의로운 분노에서 나온 말을 구분할 줄 아는 사람이었다.

잠언 19장 11절은 "노하기를 더디 하는 것이 사람의 슬기요 허물을 용서하는 것이 자기의 영광이니라"고 말한다. 하지만 전도서 3장 8절은 "사랑할 때가 있고 미워할 때가 있으며 전쟁할 때가 있고 평화할 때가 있느니라"고 말한다. 둘 다 옳다. 하나만을 택해서는 안 된다.

오늘날은 분별력이 필요한 시대다. 늑대를 발견하고 그들을 대적하는 사람이 필요하다. 항상 화를 내고 싸우라는 것이 아니다. 늑대를 보았다면 부드럽게 말하지 말고 그들을 대적하는 말을 해야 한다. 거짓된 가르침을 유포하고 잘못된 길로 미혹하는 늑대에게 부드럽게 대할 필요는 조금도 없다.

균형 있게 말하라

하나님은 때로는 부드러운 말씀을, 때로는 거친 말씀을 하셨다. 그것은 대상에 따라 달랐다. 연약한 양들에게는 부드러운 말씀을, 돼지는 책망하는 말씀을, 늑대는 대적하는 말씀을 하셨다. 오늘날 우리는 심리학의 영향을 받아 부드러운 말을 하고 부드러운 말을 듣는 것을 좋아한다. 그래서 책망이나 대적의 말을 해야 하는 돼지나 늑대에게도 부드러운 말을 하고 그것을 사랑이라고 말한다. 하지만 그것은 분명 예수님과 사도가 보여 준 모범이 아니다.

때로는 부드러운 말이 사람을 살리지만, 때로는 거친 말이 사람을 살린다. 부드러운 것만 추구하는 것은 사람을 유약하게 만들 뿐이다. 그것으로는 진리가 지켜지지 못한다. 올바른 것이 아님에도 불구하고 부드러운 말을 사랑의 미명으로 하는 사람들의 마음에는, 거친 말을 함으로써 상대방과 관계가 깨어지는 부담을 받지 않으려는 그릇된 욕망이 있을 수 있다. 그것은 사랑이 아니다. 때로는 부드럽게, 때로는 거칠게 말의 균형을 잡을 줄 아는 지혜가 필요하다. 잠언 12장 18절에서 하나님은 "지혜로운 자의 혀는 양약과 같으니라"고 하셨다.

5

이야기의 힘

후대에
복음의 이야기를 들려주다

대니얼 테일러 Daniel Taylor

미네소타 주 세인트폴의 베델대학(Bethel University)에서 오랫동안 가르쳤
다. 저서로는 *Tell Me a Story: The Life-Shaping Power of Our Stories*(이야기
를 들려 주세요: 삶을 빚는 이야기의 힘) 등이 있다. 사람들과 단체가 각자의 삶
을 형성한 가치간과 이야기를 찾아내고 보존하도록 돕는 레거시 센터
(The Legacy Center) 공동 설립자기도 하다. 아내 제인과의 사이에 네 자녀
와 여러 손녀를 두었다.

"태초에 하나님이…"(창 1:1).

"우스 땅에 욥이라 불리는 사람이 있었는데…"(욥 1:1).

"그때에 가이사 아구스도가 영을 내려…"(눅 2:1).

"하나님께로부터 보내심을 받은 사람이 있으니 그의 이름은 요한이라"(요 1:6).

"예수께서 대답하여 이르시되 어떤 사람이 예루살렘에서 여리고로 내려가다가 강도를 만나매…"(눅 10:30).[1]

하나님은 세상에 복음을 들려주셨다. 복음에 관한 이야기는 영원한 과거에서 시작되고 영원한 미래까지 이어진다. 복음은 2천 년 전, 하나님이 자신이 창조하신 세상에 오셨을 때 절정에 이르렀다. 하나님은 당신과 나를 그 이야기의 등장인물로 초대하신다. 참으로 놀라운 은혜다.

인간은 자기 나름의 이야기를 가지고 있다. 우리는 그러한 이야기 속에 태어나 이야기 속에서 자라며, 이야기 속에서 살고 죽는다. '나는 누구이며, 왜 여기 있으며, 무엇을 해야 하며, 죽으면 어떻게 되는가?'와 같은 큰 물음에 답할 때마다 우리는 삶에서 경험한 것을 기초하여 이야기를 한다. 좋은 신앙생활을 하기 위한 최선의 방법 중에 하나는 당신이 성경 이야기 속에 출연하는 것이다.

내 삶의 이야기

어렸을 적 이야기를 하나 하자면, 내 삶에서 영화에 대한 가장 오래된 기억은 자동차 극장에서 시작한다. 1950년대 캘리포니아 산타 바바라 공항 옆, 나는 그곳의 한 자동차 극장에서 홍해가 갈라지는 장면을 처음으로 목격했다. 아홉 살 소년은 버터에 젖은 팝콘 봉지를 들고 자동차 유리 너머로 거대한 야외 스크린을 통해 홍해가 갈라지는 모습을 지켜봤다.

모세 역을 맡은 찰턴 헤스턴은 추격해 오는 애굽 군대를 보며 하나님의 능력에 대해 말하면서 그의 지팡이를 들어 올렸다. 바닷물이 잠시 부글거리더니 양쪽으로 갈라져 벽을 이루었고 중앙에 마른 땅이 드러났다. 이스라엘 민족은 바다 한가운데 마른 땅을 행진했다! 이 위대한 장면은 내가 팝콘을 씹다 말고, 하나님이 전능하시며 원하시면 눈이 휘둥그레질 일을 얼마든지 하실 수 있다고 생각하기에 충분했다.

만약 아홉 살짜리 소년에게 하나님은 전능하시다는 명제만 툭 던지듯 제시했다고 생각해 보라. 물론 그때나 지금이나 이 명제가 참이라는 사실은 변함이 없다. 그러나 그 시절의 나는 이 명제를 들었다고 해서 절대 팝콘을 씹다가 멈추지 않았을 것이다.

'하나님은 전능하시다.' 이것은 명제, 곧 사실에 대한 추상적 단언이다. 이것은 '참이냐 거짓이냐'라는 지적인 평가를 끌어낸다. 물론 이것은 우리에게 중요한 사실을 가르쳐 준다. 그러나 하나님이 전능하다는 사실이 이야기로 들려지면 그것을 이해하는 양상은 달라진다.

바다가 갈라지는 장면을 보았을 때, 나는 머리뿐 아니라 위장까지 느끼고 있었다. 호흡이 멈추었고 맥박이 빨라졌다. 단순히 뭔가를 보거나 뭔가를 생각하고 있는 것이 아니었다. 나는 뭔가를 체험하고 있었다. 그 순간 나는 그 이야기의 한가운데 있었다. 겁에 질린 유대인들 틈에 서 있었고 다음 순간 기적의 한가운데 서 있었다. 말그대로, 기가 막히는 경험이었다. 오랜 세월이 흘렀지만 나는 지금도 우리가 성경 속 이야기의 주인공이 될 때에 진정한 신앙이 시작된다고 믿는다.

이야기는 하나님으로부터 나온다

하나님은 이야기를 창조하신 분이다. 하나님은 진리를 가르치기 위해 이야기를 사용하신다. 성경은 단지 이야기를 포함하는 게 아니다. 성경은 하나님이 이야기를 자신에 관해, 자신과 바른 관계를 갖는 법에 관해 우리에게 말씀하시는 일차적인 수단으로 선택하셨다는 것을 보여 준다. 이야기는 하나님이 이 지식을 대대로 보존하려고 선택하신 형식이기도 하다.

여호수아서에 있는 요단강을 건너는 이야기를 잠시 생각해 보자. 이 사건은 40년 전에 애굽에서 바다를 건넌 사건만큼 유명하지는 않지만 똑같이 교훈적이다. 그것은 요단강을 건너 약속의 땅에 들어간 사건이다. 모세는 이미 죽었고, 여호수아가 이스라엘을 이끌었다. 이스라엘 민족은 요단강에 이르렀고, 강은 물로 가득했다. 그들은 어떻게 강을 건넜는가?

하나님은 여호수아에게 명하셨다. 제사장들에게 언약궤를 메고 강에 들어가라고 하셨다. 제사장들이 명령을 행하자 흐르던 강물이 멈추고, 제사장들이 강바닥에 서 있는 동안 온 이스라엘이 강을 건널 수 있었다. 강을 모두 건너자 하나님은 여호수아에게 다시 명하셨다. 각 지파마다 한 사람씩 뽑아 제사장들이 서 있는 강바닥에서 돌을 하나씩 집어 오라고 하셨다.

집어 온 돌을 강 이편에 쌓은 목적은 이렇다. "이것이 너희 중에 표징이 되리라 후일에 너희의 자손들이 물어 이르되 이 돌들은 무슨 뜻이냐 하거든 그들에게 이르기를 요단 물이 여호와의 언약궤 앞에서 끊어졌나니… 이 돌들이 이스라엘 자손에게 영원히 기념이 되리라 하라"(수 4:6-7).

이 말씀은 이스라엘 백성에게 하나님의 위대하심이 자손 대대로 기억되도록 해야 한다는 것을 가르치고 있다. 하나님의 역사에 대한 이야기는 후대에 계속 들려져서 그들이 반드시 기억해야 하는 것이었다. 이스라엘은 기억력에 문제가 있었다. 그래서 선지자들은 항상 이스라엘에게 과거 하나님께서 은혜를 베푸신 이야기를 기억하라고 촉구했다. 요엘 선지자가 백성에게 명령하는 장면을 보라. "너희는 이 일을 너희 자녀에게 말하고 너희 자녀는 자기 자녀에게 말하고 그 자녀는 후세에 말할 것이니라"(욜 1:3).

이스라엘은 자신들이 누구이며 어디에서 왔고 그들의 하나님이 누구신지 기억할 때 번성했다. 반면 하나님께 받은 은혜의 이야기를 전하지 못하고 잊어버릴 때, 재앙이 찾아왔다. 우리의 삶도 마찬가지다.

이런 이유 때문에 여호수아는 이스라엘 각 지파에게 돌을 하나씩 취해 한데 쌓아, 그들을 인도해 요단강을 건너게 하신 하나님을 기념하라고 명했다. 후세대가 돌무더기를 보고 "왜 이 돌들이 여기 있나요?"라고 물을 것이고, 그러면 자연스럽게 하나님의 은혜에 대한 이야기로 이어질 것이기 때문이다. 그런 식으로 새 세대는 하나님의 능력을 알게 될 것이다.

명제는 이야기라는 옷을 입어야 한다

여호수아서 이야기는 다음과 같이 끝난다. "이는 땅의 모든 백성에게 여호와의 손이 강하신 것을 알게 하며 너희가 너희의 하나님 여호와를 항상 경외하게 하려 하심이라"(4:24).

하나님은 전능하시다. 이것은 명제다. 사실에 대한 선포며 진술이다. 그리고 이 명제는 참이다. 하지만 이러한 명제가 인간에게 좀 더 구체적으로 다가오기 위해서는 때로 이야기라는 몸과 피가 필요하다.

하나님이 전능하시다는 사실을 어떻게 아는가? 이야기를 하나 들려주겠다. 이스라엘이 요단강을 건너 약속의 땅에 들어간 이야기, 기드온이 소수의 사람으로 이스라엘의 대적에게 참패를 안겼던 이야기, 예수님이 5천 명을 먹인 이야기, 열린 무덤에 관한 그 이야기를 들려주겠다.

명제는 중요하다. '하나님은 전능하시고 선하시다.' '예수님은 하나님의 아들이다.' '그리스도께서 죽은 자 가운데서 살아나셨다.' 그러나 이러한 명제는 성경 속의 이야기를 통해 우리에게 훨씬 명확하게 이해될 수 있다. 이런 점에서 성경 이야기는 명제의 토대가 되는 실존적인 기초를 제공한다고 할 수 있다.

성경에서 명제만 남고 이야기는 없어진다고 상상해 보라. 창세기도 없고 출애굽기도 없으며, 구약의 역사서도 전혀 없다. 복음서나 사도행전도 없다. 남은 것이라곤 로마서와 서신서 일부와 여기저기 흩어진 단언과 명령이다. 물론 이러한 단언과 명령이 분명히 참이지만, 성경 속 이야기와 만날 때 그 의미가 더욱 풍부하게 전해질 수 있다.

신앙은 전인적인 체험을 요구한다. 어느 누구도 지성만으로 어떤 것의 중요성을 인식하지는 않는다. 신앙이 지성에만 연결되어 있다면 그것은 신앙이 아니라 관념일 뿐이다. 따라서 믿음이란 자신이 등장하는 이야기라고 여기는 것이 지혜롭다. 이야기가 그렇듯 믿음도 우리의 일부분이 아닌 전인을 요구한다.

믿음은 지력(知力), 분석, 직관, 기억, 호기심, 상상력 등 지성의 다양한 부분을 포함한다. 또한 바람, 감정, 두려움 등의 감성도 포함한다. 그리고 신앙은 의도, 목적, 결심, 동기부여, 인내 등의 의지도 포함한다. 더 나아가 우리가 무엇을 어떻게 믿느냐는 성격, 기질, 성품에 영향을 받는다. 내가 어릴 적 찰턴 헤스턴이 바다를 가르는 장면에서 그랬듯 우리 몸도 영향을 받는다.

하나님, 옳고 그름, 생명과 죽음, 그리고 낙태, 테러, 인종, 이민, 동성애, 여성의 역할 등 무수히 많은 구체적인 문제들에 관한 우리의 신념은 수많은 삶의 체험과 분리되지 못한다. 우리는 이러한 체험을 이야기에서 얻는다.

그 무언가가 당신의 한 부분에만 가치를 둔다면, 그것을 삶의 중심으로 삼아서는 안 된다. 그것이 이성만 존중한다면, 부적절할 것이고, 감성에만 호소한다면, 당신을 실망시키게 될 것이다. 그것이 의지력과 훈련에만 가치를 둔다면, 당신은 깨지고 부서질 것이다. 그 대신에 우리는 우리 삶의 이야기, 창조된 존재인 우리의 모든 부분을 소중하게 여기는 이야기가 필요하다.

명제적 진리는 이야기를 해석하는 근거를 제공해 준다. 예를 들어 그리스도의 십자가 죽음에 대해 생각해 보자. 몇몇 학파에서 유행하는 한 가지 해석은 이것이 하나님의 아동 학대라는 것이며, 화난 부모가 자신의 화를 달래려고 자녀의 희생을 요구하는 이야기라는 것이다. 이런 경우, 성경 전체에 분명하게 나타나는 '하나님은 사랑이시다'는 명제에 비추어 그런 식의 해석을 테스트해 보는 게 도움이 된다. '하나님은 사랑이시다.' 많은 이야기가 증명하는 이 명제를 근거로, 이 특별한 이야기에 대한 터무니없는 해석을 거짓으로 판단하고 거부해야 한다.

반대로 어떤 이야기는 특정 명제를 바르게 이해하는 데 도움을 준다. 성경은 하나님이 죄를 미워하고 죄인을 벌하신다고 분명하게 가르친다. 그러나 이 진리는 간음 중에 잡힌 여인의 이야기 속에서 더욱 잘 이해될 수 있다. 이 이야기에서 예수님은 여인에게 "나도 너를 정죄하지 아니하노니"라고 하면서 율법주의를 거부하고, "가서 다시는 죄를 범하지 말라"라고 하시면서 상대주의도 거부하셨다. 이처럼 성경 속 이야기는 성경적 명제가 단지 추상적이거나 환원주의적이거나 활력이 없거나 얄팍하거나 율법적이거나 하지 않도록 그에 필요한 풍성함과 구체성과 동기를 제공한다.

성경의 명제들은 대개 이야기에 삽입되어 있는데, 이것을 알면 도움이 된다. 십계명, 곧 가장 유명한 명제가 광야 이스라엘의 이야기 속에 나온다. 왜 이 십계명인가? 구약성경에는 이외에도 수백 개의 계명이 있다. 그런데 왜 이 십계명이 이 순간에 빛나는가? 그것은 이야기 안에서 볼 때 좀 더 분명한 의미를 파악할 수 있다.

이스라엘은 신들이 많은 나라에서 탈출했다. 그런데 지금은 신이 더 많은 나라들에게 둘러싸였다. 이스라엘은 하나님은 오직 한 분이며 자신들의 예배를 원하신다는 사실을 늘 기억해야 했다. 마찬가지로 이스라엘은 끈끈한 공동체를 이루고 살았다. 그들은 좋든 싫든 간에 아주 긴 여정을 함께했다. 그러므로 한 천막 안에서 부모와 잘 지내고, 이웃한 천막과 잘 지내는(질투와 도둑질과 간음과 심지어 살인에 대한 유혹을 이기는) 방법에 관한 계명이 필요했다.

이처럼 성경에서, 그리고 일반적인 삶에서 이야기가 없거나 이야기에 의존하지 않는 명제는 거의 없다. 예를 들면, 신명기 4장 31절은 이렇게 말한다. "네 하나님 여호와는 자비하신 하나님이심이라 그가 너를 버리지 아니하시며 너를 멸하지 아니하시며 네 조상들에게 맹세하신 언약을 잊지 아니하시리라." 하나님의 자비에 관한 단언, 그 추상적 명제가 어떻게 이들의 과거 조상들 이야기와 연결되고 미래('잊지 아니하시리라')와도 연결되는지 주목하라. 이야기와 명제는 상호작용을 통해 진리의 의미를 더욱 명확하게 해준다.

이야기는 대대로 전달되어야 한다

성경 속 이야기는 믿음의 중심일 뿐 아니라 믿음을 한 세대에서 다음 세대로 전해 주는 자연스러운 통로이다. 구약 사람들은 '우리는 하나님이 애굽에서 구원하신 백성이다'라는 이야기를 끊임없이 들었고, 이 사실을 중심으로 살도록 권고 받았다.

당신도 요단강 가에 하나님이 은혜 베푸신 이야기를 후손들에게 들려줄 계기가 될 돌비를 쌓아라. 예루살렘 성벽을 재건하면서 다시 발견한 성경을 낭독하라. 선지자들에게서 하나님이 과거에 보여 주신 성실하심과 미래의 가능성에 관한 이야기를 들어라.

시편 102편 18절에서 "이 일이 장래 세대를 위하여 기록되리니 창조함을 받을 백성이 여호와를 찬양하리로다"라고 말하듯이 후대에 복음의 이야기를 들려주어라. 시편 기자는 장래 세대를 위해 이야기가 기록되었다고 말한다. 그렇다면 장래 세대는 누구인가? 우리 모두가 포함되어 있을 것이다. 우리가 우리를 창조하신 하나님을 알 기회를 어떻게 얻었는가? 누군가 그 이야기의 등장인물로 살았고, 그리고 그 이야기를 들려주었고, 많은 사람이 그 이야기를 위해 기꺼이 죽었기 때문이다. 이렇게 해서 자기 피조물을 향한 사랑의 이야기가 대대로 전해져 우리한테까지 이르렀고 우리가 그 혜택을 누리고 있는 것이다.

이것은 다음과 같은 질문을 우리에게 던진다. '당신 역시 하나님이 은혜를 베푸신 이야기를 후대에 전해야 하지 않겠는가?' 이야기는 다음 세대로 전해지지 않으면 소멸된다. 노인 시설에는 날마다 수많은 이야기들이 사라지고 있다. 우리가 믿음의 이야기를 들려주지 않으면, 그리고 사람들이 그것을 자신의 이야기로 만들지 않으면 믿음의 이야기도 똑같은 전철을 밟게 될 것이다.

성경은 하나님께서 은혜를 베푸셨다는 것을 기억하도록 돕는 이야기책이다. 시, 전기, 노래, 역사, 편지 등 다양한 형식으로 구성된 이야기책이다. 성경은 각 장의 이야기가 모여 하나의 큰 이야기, 곧 하나님과 자기 피조물을 향한 그분의 사랑에 관한 이야기가 되었다. 하나님은 우리를 창조하셨고, 우리를 사랑하시며, 우리를 부르신다. 성경은 이것이 인간 역사라고 불리는 이야기의 의미라고 말한다. 이것이 역사상 가장 위대한 이야기의 핵심 줄거리(master plot)이다.

성경에 기록된 복음의 이야기를 이해하지 못하면, 자신이 누구며 왜 이곳에 있는지 결코 정확히 알 수 없다. 미국인들은 자기분석, 자아 성취 등 깊은 자기 몰입에 빠져 있다. 자신을 알고 싶은가? 삶의 의미와 해야 할 일을 알고 싶은가? 이야기를 하나 들려주겠다. "태초에 하나님이…." 하나님과 피조물 사이의 관계에 대한 이야기의 첫 줄은 이렇게 시작되고 있다. 모든 개인의 인생 이야기는 이 복음 이야기를 중심으로 이해되어야 한다. 성경은 우리가 성경 속 이야기의 주인공이 되어 우리 자신의 이야기를 만들도록 초청하고 있다. 그리고 그 이야기를 기억했다가 다음 세대에 전해 주어야 한다.

이야기 안에는 우리를 바꾸는 힘이 있다

하나님은 성경 속 이야기를 통해 사람을 바꾸신다. 이것을 입증하는 증거를 원한다면, 사무엘상 11-12장에 기록된 다윗과 밧세바와 나단 선지자의 이야기를 보라. 이들의 이야기는 어떻게 이야기가 우리를 새롭게 만들어 가는지 보여 준다.

이야기를 중간쯤부터 살펴보자. 다윗은 왕권을 남용해 밧세바와 동침했고 밧세바는 아이를 가졌다. 다윗은 자신의 도덕적 실수와 지도자로서의 잘못을 감추려 했다. 이를 위해 밧세바의 남편 우리아를 전장에서 불러들였다. 돌아온 우리아는 아내와 동침할 테고, 그러면 자신의 잘못이 덮일 것이라고 생각했다. 그러나 다윗은 우리아의 고결함과 충성심을 계산에 넣지 못했다. 우리아는 병사들이 힘들게 싸우는데 자신만 집에서 아내와 편안히 잘 수는 없다며 왕의 호의를 거절했다. 그러자 다윗은 우리아를 사지로 내몰아 죽이고 밧세바를 왕궁에 들인다.

이것은 그 자체로 강력한 흡입력을 가지고 있는 이야기이다. 그러나 이야기 속에 또 하나의 이야기가 나온다. 하나님은 나단 선지자를 다윗에게 보내 이야기를 들려주신다.

여호와께서 나단을 다윗에게 보내시니 그가 다윗에게 가서 그에게 이르되 한 성읍에 두 사람이 있는데 한 사람은 부하고 한 사람은 가난하니 그 부한 사람은 양과 소가 심히 많으나 가난한 사람은 아무것도 없고 자기가 사서 기르는 작은 암양 새끼 한 마리뿐이라 그 암양 새끼는 그와 그의 자식과 함께 자라며 그가 먹는 것을 먹으며 그의 잔으로 마시며 그의 품에 누우므로 그에게는 딸처럼 되었거늘 어떤 행인이 그 부자에게 오매 부자가 자기에게 온 행인을 위하여 자기의 양과 소를 아껴 잡지 아니하고 가난한 사람의 양 새끼를 빼앗아다가 자기에게 온 사람을 위하여 잡았나이다 하니(삼하 12:1-4).

나단의 이야기는 실제 사건이라기보다 '옛날 옛적에'와 같은 픽션의 느낌이 강하다. "한 성읍에 두 사람이 있는데…." 다윗은 나단의 이야기에 완전히 끌린다. 그래서 나단의 이야기에 등장하는 부자의 악행에 격분하여 의분을 참지 못하고 외친다. "여호와의 살아 계심을 두고 맹세하노니 이 일을 행한 그 사람은 마땅히 죽을 자라!" 다윗의 전부가 이야기에 투입된다. 그의 지성, 그의 도덕의식, 그의 감성, 그의 몸까지 투입된다. 그의 심장은 의심할 여지없이 더 빨리 뛰었을 것이다. 다시 말해 다윗은 나단의 이야기에 전인적으로 반응했다.

절정의 순간에, 나단 선지자는 오직 의미 있는 이야기만이 줄 수 있는 계시를 섬광처럼 터트린다. 나단 선지자가 팔을 펴서 다윗을 가리키며 한 마디 한 마디 힘주어 외쳤다. "당신이… 그 사람 …이라!"

그런 다음, 나단 선지자는 자신이 들려준 이야기와 다윗의 이야기를 분명하게 연결한다.

> 다윗이 그 부자이고 우리아가 그 가난한 사람이다.
> 다윗은 많이 받았으나 적게 가진 사람의 것을 빼앗았다.
> 다윗은 하나님께 복을 받았으나 하나님의 법을 어겼다.

이러한 이야기에서 가장 중요한 요소는 결과가 불확실한 선택을 하는 등장인물이다. "그가 문을 열면 무슨 일이 벌어질까?" "그 여자는 어느 옷을 선택할까?" "솔로몬은 어느 여인이 아기 엄마인지 어떻게 판결할까?" 우리를 이야기 속으로 빠져들게 하는 것은 선택의 긴장이다. 그리고 언제나 암시적인 물음이 있다. "내가 저 사람이라면 어떻게 할까?"

밧세바 이야기에서 다윗은 처참한 선택을 했고, 처참한 선택은 처참한 결과를 낳았다. 한 여인이 농락당하고, 한 충신이 죽임을 당하며, 한 아기가 죽고, 왕의 위신이 떨어져 공동체가 위험에 처했다. 하지만 그것이 전부는 아니었다. 나단의 이야기는 다윗을 회개로 이끌었다.

다윗은 나단의 이야기에서 자신의 이야기를 보았다. 그러나 전임자 사울과는 달리 다윗은 올바르게 반응했다. 다윗은 "내가 여호와께 죄를 범하였노라"라고 인정했다. 이 고백이 다윗의 생명을 구했다. 그러나 다윗과 밧세바가 아들을 잃는 것까지 막지는 못했다.

그렇더라도 이 고백으로 뒤이은 솔로몬의 출생, 마침내 다윗의 대를 이을 왕자의 출생이 가능해졌다.

이처럼 강력한 이야기에는 우리를 변화시키는 잠재력이 있다. 하나님이 사용하시는 이야기는 시간을 때우기 위해 있지 않고 시간을 구해 내기 위해 있다. 그런 이야기는 어떤 의미에서 아주 공격적이다. 강력한 이야기는 이렇게 말한다. "이 이야기를 들었으니 당신은 반드시 달라져야 한다. 이 이야기를 알았으니 이전과 똑같이 살아서는 안 된다."

복음의 이야기도 다르지 않다. 복음을 들었다면 듣기 전과 똑같을 수는 없다. 복음의 이야기는 우리가 살아왔던 인생의 이야기를 판단하고 우리가 형편없이 부족하다는 것을 보여 준다. 복음은 우리에게 이러한 판단을 받아들일지 거부할지 선택하라고 요구한다. 우리가 받아들인다면, 이야기 속의 인물들처럼 우리 삶의 줄거리를 바꾸겠다고 결정한 것이다. 그렇다고 자신(who we are)을 포기하는 것은 아니다. 오히려 언제나 되려 했던 자신에 더 가까워진다.

하나님이 사용하시는 이야기는 이런 의미에서 직설적이다. 우리가 반드시 달라져야 하고 반드시 변해야 한다고 말하며, 많은 경우 어떻게 변해야 할지도 말한다. 그래서 이야기는 우리에게 대사를 가르쳐 준다. 각자 자신의 대사를 안다면 그것을 말해야 할 책임이 있을 것이다. 다시 말해, 우리는 행동해야 한다. 등장인물은 이야기가 의미 있도록 행동해야 한다. 이것이 믿음이 일련의 명제가 아니라 우리가 살아야 하는 이야기인 이유다.

하지만 믿음으로 행하는 것이 적절치 않다고 말하는 사람들이 있다. "내가 믿는 바를 확신하지 못해요. 그러니 그리스도인입네 하고 그리스도인에 걸맞게 행동한다면, 정직하지 못할 뿐더러 위선적이기까지 합니다."

하지만 이야기는 반대로 말한다. 믿음의 이야기를 비롯해, 이야기 속의 인물들은 계속해서 완전한 지식이나 확신 없이 행동한다. 아브라함은 "갈 바를 알지 못한" 채 인생 여정을 시작했다(히 11:8). 모세는 하나님의 일을 맡을 자격이 없다고 생각했다. 그래서 아론을 보내라고 간청했다. 예수님마저도 겟세마네 동산에서, 가능하다면, 자기 이야기의 줄거리를 바꿔 달라고 간청하셨다.

만약 믿음이 무엇보다도 일련의 명제 검증을 토대로 풀어야 하는 지적 퍼즐이라면, 퍼즐을 다 풀 때까지 기다렸다가 행동하는 것이 옳다. 그리고 우리가 믿는 바에 관한 모든 진지한 물음은(이런 물음은 끝이 없다) 행동을 늦추는 변명이 된다.

하지만 이야기는 우리가, 의심을 하든 않든 간에, 해야 할 일이 있다고 말한다. 기차가 막 출발하려 한다. 의심과 함께 탑승하라. 그만한 공간이 있다. 가장 일반적인 성경의 은유로 표현하면, 당신은 반드시 이 길을 걸어야 한다. 이야기의 형식은 신비(mystery)와 모호함과 역설과 불확실성을 담고도 남을 만큼 아주 풍성하며 깊고 유연하다. 그러므로 우리는 인간으로서, 믿음의 사람으로서 끊임없이 이야기로 돌아가야 한다.

주인공의 삶을 산 레이첼 이야기

처음에 이야기로 시작했으니 이야기로 마무리하겠다. 레이첼이라는 학생의 이야기다. 한 번은 여러 학생들을 데리고 쿠바로 갔었다. 글쓰기도 하고, 헤밍웨이도 공부하며 미네소타의 1월을 피하기 위해서였다. 레이첼은 그때 함께 간 학생들 중 하나였다.

지금 레이첼의 사진 세 장을 보고 있는데, 레이첼이 쿠바에서 돌아와 얼마 후에 결혼한 날의 사진이다. 첫 번째 사진에서, 레이첼은 엄숙한 표정을 짓고 있다. 여기서 말하는 엄숙이란 결혼식이나 대관식 같은 엄숙한 행사처럼 기쁨과 의미가 가득한 엄숙을 의미한다. 두 번째는 평소에 자주 그렇듯이 파안대소하는 사진이다. 긴 웨딩드레스 차림으로 서서 새 신랑을 내려다보며 기뻐하는 모습이다.

레이첼이 이렇게 웃는 까닭은 하나님 안에서 사는 인생의 의미를 분명히 깨달았기 때문이다. 레이첼은 세상과 세상의 일부인 자신의 삶을 향한 하나님의 사랑에 뜨겁게 사로잡힌 사람이었다. 레이첼의 호기심은 아무도 못 말렸다. 레이첼은 똑똑했고 시를 잘 썼으며 삶을 한 방울도 허비하지 않으려 최선을 다했다.

어렸을 때, 선생님이 레이첼에게 무엇이 두렵냐고 물었을 때 그녀는 "평범하게 사는 게 두렵다"라고 썼다. 레이첼은 평범함을 죽이려고 살았다. 이전에 두 차례 스페인에 갔고 우리와 쿠바에도 갔다. 레이첼은 신체적 모험이든, 지적 모험이든, 영적 모험이든 간에 어떤 모험도 마다하지 않았다. 레이첼은 우정과 문학에 충실했고, 성경 공부와 기도에도 어느 그리스도인 못지않게 흠뻑 빠졌다. 레이첼은 하나님 앞에서 사는 삶이 실제로 가능하며 그렇게 살려고 노력해야 한다고 생각했다.

레이첼이 두 번째 스페인에 갔을 때, 가장 가까운 친구에게 서로 이메일 대신 편지를 쓰자고 했다. 레이첼은 삶이 주는 것을 실패를 겁내거나 수동적인 자세나 무관심 때문에 하나라도 놓칠까 봐 두려워했다. 레이첼은 젊은이의 열정과 강인함과 이상을 다 갖췄으나 미숙해 보이지 않았다. 레이첼을 아는 사람들은 레이첼이 궁극적인 것들에 대해 상당한 지식을 가졌다고 느꼈다. 스페인에서 레이첼은 친구에게 이렇게 썼다.

> 기억해. 내가 세상에 대해 이해하기로는 그것은 선과 악, 사랑과 미움이 대립하는 것이 아니야. 사랑과 '없음'이 서로 대립하고 있는 것이지. 그러니 '없음'과 맞서 싸워야 해. 사랑 없음에 맞서 사랑해야 하는 거지.
>
> 소망을 가져. 어쩌면 내일 하루뿐일지 모르지만 소망을 가져. 소망은… 우리가 원하는 바를 이루어 준다고 생각해. 염세주의를 받아들이지 마. 문제가 있음을 인정하고 하나님께 소망을 두어야 해. "내 하

나님을 여전히 찬송하리로다."

쿠바에 갈 때, 나는 학생들에게 아스피린이나 필기구나 비누 같은 실용적인 선물을 각자 준비하게 했다. 우리가 산티아고에 있을 때, 네다섯 살쯤 되어 보이는 사내아이가 레이첼에게 다가와 스페인어로 사탕 사 먹을 돈을 달라고 했다.

레이첼은 스페인어를 배웠기 때문에 대답할 준비가 되어 있었다. 레이첼은 쪼그리고 앉아 어린 사내아이와 눈을 맞춘 채 아이의 모국어로 말했다. "얘야, 내겐 돈이 없단다. 하지만 이건 어떠니?" 레이첼은 가방에서 반들반들한 새 야구공을 꺼냈다.

그 나라에서, 가난한 아이들은 나뭇가지를 배트 삼고 뭉친 끈으로 공을 만들어 야구를 했다. 그러니 새 야구공을 보는 순간 아이는 눈이 휘둥그레졌다. 아이는 자신의 행운에 너무 놀라 한참을 우두커니 서 있었다. 레이첼의 선물은 작은 친절이었고 건강한 삶의 특징이었다.

나는 레이첼의 친절을 직접 느꼈다. 쿠바에 가기 전, 레이첼은 내 수업을 하나 들었다. 이따금 우리 같은 선생들은 학생들이 수업에 집중하지 않거나 진지하게 배울 마음이 없다는 것을 느끼면, '차라리 다른 직장을 선택할 걸'이라고 생각한다. 이것은 때로 선생들의 표정이나 자신을 방어하는 듯한 냉소적인 말에서 드러난다. 레이첼도 내게서 그것을 감지했는지 내 방 출입문에 손으로 쓴 시 한

편을 붙여 두었다. 물론 이름은 없었다. 그 시는 이렇게 끝났다.

회색 수염 선생님, 계속 말씀하세요.
그래도 몇몇이 듣고 있어요.

레이첼이 그 시를 썼다는 것은 나중에 레이첼을 위한 추도시 낭송회가 열렸을 때, 레이첼의 가장 가까운 친구였던 엠버라는 여학생을 통해서였다.

레이첼은 자신의 시누이가 될 아가씨를 위한 파티에 참석했다. 자신에게 또 다른 가족이 생긴다니 가슴이 다 떨린다고 했는데, 파티장을 떠나고 몇 분 후, 트럭이 레이첼의 자동차와 충돌했고 레이첼은 돌연 영원으로 옮겨졌다. 레이첼이 결혼식 날 찍은 세 번째 사진은 레이첼이 우리에게서 떠나는 모습이다. 그리고 레이첼은 정말로 우리를 떠났다.

나는 깊은 슬픔에 잠겨 레이첼의 장례식에 참석했다. 레이첼이 천국에 갔는지 어떻게 아는가? 천국이 있는지 어떻게 아는가? 천국에서 당신과 나를 기다리는 하나님이 계시는지 어떻게 아는가? 나의 믿음이 나에게 그렇게 말하기 때문이다. 물론 달리 생각할 수도 있다. 당신 역시 선택할 자유가 있다. 하지만 나는 그것을 믿는다. 그래서 나는 레이첼의 장례식에 참석해서도 찬양할 수 있었다.

6

찬양과 말씀

우리가 찬양할 때
무슨 일이 일어나는가

밥 코플린 Bob Kauflin

메릴랜드 주 게이더스버그의 '주권적 은혜 사역'(Sovereign Grace Ministries, 복음 중심의 교회를 세우고 함께 사역하는 단체)의 찬양 책임자이다. 1976년 템플 대학에서 피아노 전공으로 학위를 받은 후, 8년간 작곡가, 강연자, 기획자로 GLAD라는 CCM그룹과 함께했다. 지금은 찬양의 신학과 실제를 목회자와 찬양 팀원에게 가르치고, 팀 내 녹음을 담당하며, 1997년부터 섬겨온 커버넌트라이프교회(Covenant Life Church)의 찬양 리더로 활동 중이다. 2008년 첫 번째 저서 *Worship Matters: Leading Others to Encounter the Greatness of God*을 냈으며, 같은 제목의 블로그를 운영하고 있다 (www.worshipmatters.com). 아내 줄리와 여섯 자녀, 일곱 손자를 두었다.

내가 기억하기로, 노래는 언제나 내 삶의 일부였다. 고등학교와 대학교 내내 합창단에 있었고, 합창단과 함께 노래했다. 나는 30년간 보컬그룹 GLAD의 멤버였고, 찬양 인도는 더 오래 전 부터 했다. 노래 없는 나의 삶은 상상도 못하겠다. 당신도 나처럼 노래를 사랑하는지 모르겠다. 어쩌면 좋아하지 않는지도 모른다. 매주일 아침, 설교를 듣기 전에 찬양을 부르는 시간이 힘든 고역일지도 모르겠다.

당신이 후자라면, 마르틴 루터는 당신에게 몇 마디 해주고 싶을 것이다. 루터는 교회 음악을 사랑했으며 음악을 신학 다음으로 중시했다.[1] 루터는 다중창을 위한 찬송집 서문에 이렇게 썼다.

타고난 인간의 능력이 갈고 닦여 예술이 될 때, 우리는 음악에서 하나님의 크고 완전한 지혜를 보고 놀라게 된다. 음악은 하나님의 작품이며 하나님의 선물이다. 하나의 목소리가 단일한 멜로디를 노래할 때, 이 목소리 주위로 셋이나 넷 또는 다섯의 목소리가 예술적이고 음악적인 화음을 넣어 줌으로써, 모두가 친밀함과 관심과 포용의 영으로 만나게 되면 우리는 경탄하지 않을 수 없다. …음악을 어느 정도 생각은 하지만 하나님의 놀라운 피조물로 여기지 않는 사람은 진짜 무지렁이이며 인간이라 불릴 자격이 없다.[2]

당신은 이런 루터의 태도를 본받고 싶지 않을지 모르겠다. 그렇더라도 찬양에 대한 그의 열정만은 본받길 원한다. 하나님 자신이 노래를 아주 좋아하시기 때문이다.

노래에 대한 하나님의 열정

말을 멜로디에 맞추시려는 하나님의 마음은 시편을 대충 훑어봐도 분명하게 드러난다.

새 노래로 여호와께 노래하라
온 땅이여 여호와께 노래할지어다
여호와께 노래하여 그의 이름을 송축하며
그의 구원을 날마다 전파할지어다(시 96:1-2).

찬송하라 하나님을 찬송하라
찬송하라 우리 왕을 찬송하라(시 47:6).

위의 두 구절에는 '노래하라'(sing, 찬송하라)라는 명령이 일곱 번이나 나온다. 성경 전체에서, 노래(찬양)는 400번 넘게 언급되고, 노래하라(찬양하라)는 명령은 50번이나 나온다. 성경에서 가장 긴 책인 시편은 노래 책이다. 신약성경은 우리에게 모일 때 시와 찬송과 신령한 노래를 부르라고 두 번씩이나 명령하고 있다(엡 5:19; 골 3:16).

왜 하나님은 우리가 모일 때 노래로 찬양하라고 명하시는가? 왜 기도와 설교만으로 충분하지 않고 찬양이 있어야 하는가? 왜 하나님의 백성은 어느 시대에나 찬양했는가? 왜 말만 있으면 안 되고 음악도 있어야 하는가? 왜 하나님은 우리가 찬양(노래)하길 원하시는가? 한 가지 이유는 하나님 자신이 노래하시기 때문이다. 스바냐 3장 17절은 하나님이 자기 백성으로 말미암아 "즐거이 부르며 기뻐하시리라"고 말한다. 예수님은 십자가에 달리시기 전날 밤, 제자들과 함께 찬송을 부르셨다(마 26:30). 히브리서 2장 12절은 "내가 주를 교회 중에서 찬송하리라"고 한다. 에베소서 5장 18-19절은 '성령 충만'의 결과 가운데 하나는 "시와 찬송과 신령한 노래들로 서로 화답하며 너희의 마음으로 주께 노래하며 찬송하는" 것이라고 말한다.

우리는 노래하시는 삼위일체 하나님을 예배하며, 하나님은 우리가 그분처럼 되길 원하신다.

음악과 말씀은 어떻게 연결되는가?

하나님이 우리가 찬양하길 원하시는 이유에 관해서는 할 말이 많다. 그러나 먼저, 음악과 말씀의 관계에 대해 몇 가지 언급하고자 한다. 음악과 말씀의 관계에 대해 그리스도인들이 취하는 태도는 대개 세 가지 가운데 하나다.

어떤 그리스도인들은 중요성뿐 아니라 효과에서도 음악이 말씀 (the Word)을 능가한다고 본다. 이들은 음악이 없는 말은 메마르고 영향력이 없으며 중요하지 않다고 생각한다. 이들은 이런 식으로 말한다. "내게는 말보다 음악이 더 크게 말해요." "내가 좋아하는 스타일의 음악을 듣지 않으면 예배가 안 돼요." 이런 사람들에게 말은 음악에 의존한다.

어떤 그리스도인들은 음악이 말씀을 약화시킨다고 본다. 이런 이들이 있으면, 교회에서 음악과 말씀이 연관될 때마다 문제가 생긴다. 이들은 음악이 사람들에게 갖는 힘을 두려워하며, 따라서 음악 사용을 제한하려 한다.

어거스틴은 자신의 영혼에서 이런 싸움이 일어나고 있음을 인정한다. 그는 《고백록》에서 이렇게 썼다.

> 나는 교회에서 노래하는 것을 인정한다. 귀의 즐거움을 통해 연약한 마음들이 힘을 얻어 예배하기에 합당해질 수 있기 때문이다. 그러나 노래하는 대상보다 노래 자체에 더 큰 감동을 받을 때, 나는 악한 죄를 지었다고 고백하며 차라리 노래를 안 들었으면 좋겠다는 생각을 한다.[3]

어거스틴은 음악이 우리로 말씀에서 눈을 돌리게 하고, 나아가 말씀을 약화시킬 위험이 있다는 것을 알았다. 16세기 스위스 목사 울리히 츠빙글리(Ulrich Zwingli)는 여기서 훨씬 더 나갔다. 그는 음악의 힘을 지나치게 걱정한 나머지 자신의 집회에서 한동안 음악을 금지했다.

그러나 음악과 말씀은 상충하지 않는다. 하나님도 음악과 말씀이 함께하길 원하신다. 시편 147편 1절은 우리에게 이렇게 말한다. "할렐루야 우리 하나님을 찬양하는 일이 선함이여 찬송하는 일이 아름답고 마땅하도다." 하나님은 음악이 말씀을 능가하거나 말씀을 약화시키도록 계획하지 않으셨다. 하나님이 음악을 주신 목적은 음악이 말씀을 섬기도록 하기 위해서였다. 음악과 말씀의 이러한 관계를 이해하고 인정할 때, 음악은 우리가 노래하는 가사를 보완하고 떠받치며, 그 영향력을 더하는 하나님의 강력한 선물이 된다.

여기서는 노래가 말씀을 섬기는 세 가지 방법을 소개하고, 노래가 우리의 삶과 교회에서 어떤 변화를 일으켜야 하는지 살펴보겠다. 마지막 페이지를 덮을 때, 하나님이 우리에게 주님을 찬양하라고 자주 말씀하신 이유를 더 잘 이해하길 기도한다.

찬양은 말씀을 기억하도록 돕는다

첫째, 찬양은 말씀을 기억하도록 돕는다. 어릴 때 불렀던 찬양이 얼마나 쉽게 기억나는지 생각해 보라. 1980년대의 텔레비전 광고 음악, 전래동요, 캐럴, 십대 때 익힌 팝송은 우리가 쉽게 떠올릴 수 있다. 우리는 20년 전에 들었던 노래도 이따금 흥얼대곤 한다.

우리의 기억 창고에는 수백, 수천 곡의 노래가 저장되어 있어서 언제든 꺼내 부를 수 있다. 음악은 기억을 돕는 강력한 능력이 있는데, 과학자들은 이 능력을 이제 막 이해하기 시작했다. 과학자들은 인간의 지성이 어떤 패턴을 단순히 말로 기억하기보다 음악으로 인지하고 분류하여 기억한다는 사실을 밝혀내고 있다.

영국 출신의 신경학자 올리버 색스(Oliver Sacks)는 수년 동안 음악이 뇌에 미치는 영향을 연구했다. 그는 《뮤지코필리아》(*Musicophilia*)라는 멋진 책에서 이렇게 말한다.

> 모든 문화마다 아이들이 알파벳과 숫자를 비롯한 여러 목록을 익히도록 돕는 노래와 리듬이 있다. 성인이라도 기억을 돕는 도구나 패턴을 사용하지 않으면 시리즈를 기억하거나 암기하는 데 한계가 있다. 기억을 돕는 가장 강력한 도구는 운율과 박자와 노래. [4]

배우자나 자녀의 이름조차 기억하지 못하는 알츠하이머 환자들이 어릴 때 배운 노래를 즉석에서 부른다는 사실을 통해 우리는 음악의 힘을 다시 확인하게 된다. 이것은 부분적으로 리듬, 박자, 운율 같은 음악적 요소들이 단어를 말하는 방식과 말하는 데 걸리는 시간을 관리하고 통제하기 때문이다. 이러한 음악적 요소가 독특하거나 반복적이거나 자극이 강할수록 노래를 기억하기 쉽다.

신명기 31장에서 하나님은 백성들이 자신의 말씀을 기억하도록 돕기 위해 친히 음악을 사용하셨다. 이스라엘이 약속의 땅에 들어가기 전, 하나님은 이스라엘에게 노래를 가르치라고 모세에게 명하셨다. "그들이 수많은 재앙과 환난을 당할 때에 그들의 자손이 부르기를 잊지 아니한 이 노래가 그들 앞에 증인처럼 되리라"(신 31:21). 노래는 말씀을 기억하도록 돕는다.

효과적인 멜로디를 사용하라

음악은 기억을 돕는다. 그렇다면 이러한 음악의 능력이 그리스도를 따르는 우리에게 어떤 의미가 있는가? 첫째, 우리는 교회에서 효과적인 멜로디를 사용해야 한다. '효과적'이라는 말은 기억할 수 있고 기억하고 싶은 멜로디라는 뜻이다.

'복의 근원 강림하사'는 널리 사랑받는 찬송이다. 이 찬송을 비롯한 다른 훌륭한 찬송들이 오랫동안 사랑받는 이유는 기억하기 쉽고, 부르기 쉽고, 유쾌한 멜로디와 잘 다듬어진 가사가 조화를 이루기 때문이다. 똑같은 가사라도 지루하거나 부르기 어렵거나 쉽게 잊히는 멜로디였다면 절대 지금처럼 큰 사랑을 받지 못했을 것이다.

어떤 사람들은 효과적인 멜로디는 3백 년 전에 작곡된 곡들뿐이라고 생각한다. 어떤 사람들은 최고의 멜로디는 지난 10년 사이에 작곡된 것이라고 생각한다. 양쪽 모두 옳기도 하고 틀리기도 하다.

어떤 찬송은 멜로디가 아주 훌륭하다. 부르기 쉽고, 부르면 즐겁고, 기억하기도 쉽다. 그러나 때론 어떤 멜로디나 곡이 젊은이들에게는 진부하게 들리기 시작한다. 그 결과 멜로디뿐 아니라 가사까지 외면 받는다.

새로운 버전의 찬송이 늘 원본 찬송만큼 훌륭한 것은 아니다. 그렇더라도 몇몇은 원본 찬송만큼 훌륭하거나 더 훌륭하기도 하다. 훌륭한 찬송의 가사가 새로운 곡을 통해 새로운 청중에게 소개된다. 어떤 곡이 예배에 얼마나 효율적이냐를 결정하는 기준은 그 곡이 작곡된 시대가 아니다. 이것을 기억하는 것은 유익하다.

하나님이 우리로 기억하기 원하시는 말씀을 노래하라

음악은 말씀을 기억하도록 돕는다. 이러한 음악의 능력은 우리에게 또 다른 의미를 갖는다. 하나님이 우리에게 기억하라고 하신 말씀을 노래해야 한다. 노래한다는 사실뿐 아니라 무엇을 노래하는가도 중요하다. 우리가 노래하는 말씀은 대부분 생각한 것보다 더 큰 영향을 우리에게 미친다.

신약학자 고든 피(Gordon Fee)는 언젠가 이렇게 말했다. "내게 어떤 교회의 노래를 보여 준다면 그들의 신학이 어떠한지 보여 주겠다." 사실이다. 또는 마크 놀(Mark Noll)이 말하듯이, "우리는 우리가 부르는 노랫말이다."[5]

바울은 골로새서에서 우리에게 이렇게 말한다. "그리스도의 말씀이 너희 속에 풍성히 거하여 모든 지혜로 피차 가르치며 권면하고 시와 찬송과 신령한 노래를 부르며 감사하는 마음으로 하나님을 찬양하고…"(골 3:16). 찬양할 때 우리 안에 그리스도의 말씀, 그리스도에 관한 말씀, 복음의 말씀이 풍성히 거해야 한다. 이는 음악적 체험이나 고조된 감정과는 다르다. 찬양에는 하나님에 대한 우리의 주관적 반응을 표현할 자리가 틀림없이 있다. 그러나 우리가 반응하는 객관적 진리, 곧 하나님의 말씀, 그분의 성품, 그분의 일, 특히 우리를 위해 자신의 아들을 대속 제물로 삼으신 일이 우리의 찬양에서 더 큰 부분이어야 한다.

이것은 노랫말에 성경의 폭넓은 주제를 반영해야 한다는 뜻이다. 존 웨슬리(John Wesley)와 찰스 웨슬리(Charles Wesley)만큼 이것을 잘 이해한 사람도 없다. 찰스 웨슬리는 6,500편이 넘는 찬송을 작사했고, 두 사람은 자신들이 가르친 기독교 교리와 체험을 빠짐없이 다룬 56권의 찬송집을 냈다. 웨슬리 형제는 그리스도의 말씀으로 충만한 찬양을 사람들에게 주고 싶었다. 이들은 찬양이 결코 설교를 대신할 수는 없지만 중요한 보충제로서 설교를 돕는다는 것을 이해했다. 그러므로 우리는 하나님의 모든 말씀을 설교할 뿐 아니라 모든 말씀을 노래하는 것을 목표로 삼아야 한다.

외워서 불러라

노래가 말씀을 기억하도록 돕는다면, 여기에는 또 다른 의미가 있다. 우리는 찬양을 외워서 부르려고 노력해야 한다. 그런데 많은 그리스도인에겐 스크린 의존 장애가 있다. 우리는 부르는 찬양의 가사를 알면서도 스크린에서 눈을 떼지 못한다. 스크린이 꺼지면 길을 잃을 것 같다. 그러나 찬양은 스크린이 아니라 우리 마음에서 나온다.

어떤 그리스도인에겐 찬송가 의존장애가 있다. 똑같은 찬송을 수십 년 불렀는데도 한순간도 찬송가에서 눈을 떼거나 고개를 든 자세로 주의 영광을 찬양할 생각을 하지 않는다. 내 경험상 스크린을 보든 찬송가를 보든 간에 한 줄을 재빨리 보고 시선을 돌려 찬양하면 많은 도움이 된다.

찬양은 말씀과 감성적으로 교감하게 한다

찬양은 우리가 말씀을 기억하도록 도울 뿐 아니라 노랫말과 우리 마음을 이어 준다. 모든 시대와 문화에는 감정의 언어가 있다. 감정의 언어는 느낌을 표현하고 자극하며 느낌에게 말한다. 노랫말이 있든 없든, 음악은 섬세하고 심오한 방식으로 우리를 움직인다. 사무엘상 16장 23절에서 다윗이 수금을 능숙하게 연주하자 사울을 괴롭히던 영이 떠나갔다. 마태복음 11장 17절에서 예수님은 사람들로 춤추거나 울고 싶게 하는 음악에 대해 언급하셨다. 하나님은 감사하는 마음으로 자신을 찬양하라고 명하신다(골 3:16). 우리가 마음으로 찬양해야 하는 까닭은 찬양이 우리에게 영향을 미치기 때문이다.

그렇다면 음악은 우리에게 왜 이처럼 깊은 영향을 미치는가? 몇 가지 이유가 있다. 특정 노래와 관련된 개인의 체험에 따라 그 노래가 미치는 영향은 크게 달라진다. 우리는 자신의 문화에서 선하거나 악하다고 생각하는 부분과 노래를 연결함으로써 노래에 도덕적 가치를 부여한다. 우리는 특정한 박자, 음량, 화음의 진행, 악기, 창법은 그 자체로 악하다고 결론짓는다. 그러나 성경이 이 부분에 대해 명확히 말하지 않았다면 도덕적 가치를 부여하는 일에 신중해야 한다.

찬양이 우리에게 미치는 영향을 결정하는 또 하나의 요소는 노래를 연주하거나 인도하는 방법이다. 연주자나 인도자가 미숙하거나 음정이나 박자가 틀릴 때, 그 음악은 우리를 움직이지 못하거나 엉뚱한 방향으로 움직인다. 이와는 반대로, 숙련된 연주와 인도는 찬양이 실제보다 더 좋게 들리게 한다.

이유야 어떻든, 음악은 가사만 들을 때는 감지되지 않는 방식으로 말의 감성적 영향력을 높인다. 여기에는 여러 가지 이점이 있다. 첫째, 노래는 가사의 의미를 생각할 시간을 늘려 준다. 노래는 단어와 어구를 길게 늘인다. 노래는 단어를 반복하거나 단어 사이에 여백을 둔다. 그래서 우리가 노랫말과 감성적으로 교감하게 해준다. '나 같은 죄인 살리신'을 가사로 외우기보다 노래로 부르면, 시간이 길어지고 가사를 더 깊이 생각할 수 있다. 마찬가지로 '내 평생에 가는 길'이라는 찬송을 하면 하나님만이 주시는 영혼의 평안을 생각하고 누릴 충분한 시간이 생긴다. 음악은 우리가 '내 영혼 평안해'라는 가사와 교감하도록 돕는다. 음악의 분위기가 가사 내용과 잘 어울린다. 평안하고 고요한 분위기다. 음악이 이러한 절정의 확신에까지 우리를 이끈다. 정말로, 내 영혼이 평안하다.

둘째, 기쁨이 넘치는 축하의 감정이든, 경외감이든, 슬픔이 가득한 회개의 감정이든 간에 음악은 노랫말에 대한 우리의 감정을 증폭시킨다. 다시 말해, 음악은 노랫말에 대한 우리의 감성적 반응을 이끌고 그 깊이와 영향력을 더한다. 어떤 때는 우리 죄로 인한 그리스도의 죽음을 슬퍼한다. 어떤 때는 그리스도의 죽음으로 인한 우리의 용서와 하나님과의 화해를 기뻐하고 축하한다. 음악은 우리가 각각의 상황에서 어떻게 반응해야 할지 알도록 돕는다.

음악의 감성적 효과를 말할 때, 감성적 감동과 영적 조명을 구분해야 한다. 음악은 우리의 감정을 움직이지만 명제적 진리를 말하지는 않는다. 음악에는 목소리가 있지만 그 목소리가 늘 분명하지는 않다. 한 곡의 음악이 마음을 평안하게 하지만 음악 자체는 절대로 주님이 우리 목자시며 우리가 하나님과 영원한 평화를 누리도록 예수님이 대신 하나님의 진노를 받으셨다고 말해 주지 않는다. 오직 가사가 그렇게 한다.

찬양의 정서적인 폭을 넓혀야 한다

음악은 우리가 가사와 정서적으로 교감하도록 돕는다. 그렇다면 대부분의 교회는 찬양의 정서적인 폭을 넓혀야 한다. 우리는 기쁨과 축하와 자유와 확신의 찬양뿐 아니라 존경과 경외와 회개와 슬픔의 찬양도 불러야 한다. 경쾌하고 빠른 2분짜리 팝송으로는 하나님의 거룩하심을 적절히 표현할 수 없다. 느린 아카펠라 찬양으로는 죄에 대한 그리스도의 승리에 담긴 기쁨과 환희를 충분히 전달할 수 없다.

기독교 역사를 보면, 찬송 작사자뿐 아니라 찬송의 전통도 매우 다양함을 알 수 있다: 청교도들, 시편을 노래하는 사람들, 경건주의자들, 은사주의자들, 현대의 예배 찬양들. 이들을 서로 경쟁시킬 필요가 있을까? 가사가 교훈적이고 성경에 충실하다면, 각각의 전통에서 적절한 찬양을 선택해 예배에서 감성적 반응의 범위를 넓히는 데 활용하면 금상첨화일 것이다.

찬양은 정서적 사건이어야 한다

음악이 감성을 자극한다면 찬양은 정서적 사건이어야 한다. 어떤 사람들에겐 이것이 어렵지 않지만 어떤 사람들에겐 정말 어려운 일이다. 당신이 후자라면, 조나단 에드워즈(Jonathan Edwards)가 《신앙 감정론》에서 가르친 내용에 귀를 기울여라.

> 하나님께 드리는 찬양은 신앙 감정을 온전히 자아내고 표현하는 것이 그 의무인 듯 보인다. 우리 자신을 산문이 아니라 운문으로, 음악으로 하나님께 표현해야 하는 단 한 가지 이유는, 이것이 우리의 본성이고 뼈대이며, 우리의 감정을 움직이기 때문이다.[6]

바꾸어 말하면, 음악은 우리에게 영향을 미쳐야 한다. 조나단 에드워즈가 감정(affections)이라는 단어를 사용할 때, 그것이 단지 감성(emotions)만을 말하지 않는다는 점을 이해하는 것이 중요하다. 감성은 감정에 포함되지만 감정으로 제한되지는 않는다. 조나단 에드워즈가 말하는 감정은 자신이 흥미를 느끼는 박자나 곡조를 들을 때 일어나는 일시적인 음악적 고조 그 이상이다. 에드워즈는 신앙 감정을 말하는데, 우리의 전인(全人)이 우리의 말과 생각과 선택과 행동을 결정하는 방식으로 하나님과 교감하고 그분의 진리와 교감한다는 뜻이다. 우리의 말과 생각과 선택과 행동은 내면 중심에서 나온다.

그렇더라도 하나님은 여전히 우리의 가장 높고, 가장 순수하고, 가장 강한 감성의 대상이 되시기에 합당하다. 찬양은 이러한 감성

을 표현하고 감성에 불을 댕기도록 돕는다. 열정이 없는 찬양은 말
자체가 모순이다. 존 웨슬리는 어느 찬송집 서문에서 이렇게 표현
했다.

> 즐겁게, 아주 담대하게 찬양하십시오. 반쯤 죽은 듯이, 또는 반쯤 잠
> 든 듯이 찬양하지 않도록 조심하십시오. 대신에 힘껏 목소리를 높이
> 십시오. 더 이상 사탄의 노래를 부르는 듯이 목소리를 높이길 두려워
> 하지 말고, 목소리가 들리는 것을 부끄러워하지도 마십시오.[7]

어떤 사람들은 찬양할 때 지나치게 감성적이 될까 봐 두려워한
다. 그러나 문제는 감성이 아니라 감성주의다. 감성주의는 느낌 자
체를 목적으로 삼는다. 감성주의는 뭔가를 느끼길 원할 뿐, 그 느낌
이 어떻게 생겨나고 그 느낌의 궁극적 목적이 무엇인지 관심이 없
다. 또한 감성주의는 고조된 느낌이야말로 하나님의 임재를 증명하
는 증거라고 생각한다. 사실은 그렇지 않다. 찬양이 일으키는 감정
은 하나님의 영광, 그분의 위대하심, 그분의 선하심 등 하나님에 관
해 찬양하는 진리에 대한 반응이다. 활기찬 노래는 하나님에 관한
진리와 우리를 뜨겁게 이어 주며, 따라서 우리는 교리와 예배를, 교
화와 표현을, 지성과 감성을 결합할 수 있다.

물론, 우리는 찬양할 때 늘 같은 방식과 같은 깊이로 감동받지
않는다. 우리는 신학적으로 심오한 진리를 찬양하면서도 속으로는

점심 메뉴를 생각하거나 오후에 있을 스포츠 경기를 생각하기도 한다. 겉으로는 찬양하지만 영혼이 무감각할 때도 있다. 이럴 때는 어떻게 해야 하는가? 그저 이를 악물고 그 상황을 당연하게 받아들여서는 안 된다. 하나님이 누구시고 그분이 그리스도 안에서 우리를 위해 하신 일에 비추어 적절한 느낌을 갖도록 하나님께 믿음과 자비를 구해야 한다.

좋은 소식이 있다. 하나님은 우리가 음악을 사용하길 원하실 뿐 아니라 음악을 통해 무감각하고 강퍅한 마음을 깨뜨리고 감성적으로 자신의 말씀과 교감하도록 돕기 위한 계획까지 세우셨다.

노래는 하나 될 수 있도록 돕는다

마지막으로, 찬양은 우리의 하나 됨을 가사로 증명하고 표현하도록 돕는다. 사람들은 아주 이상한 곳에서도 함께 노래한다. 경기장에서 팬들은 상대팀을 뭉개 버리고 싶은 마음을 열정적으로 노래한다. 사람들은 새해맞이 파티에서, 성탄절에, 록 콘서트에서, 결혼식장에서, 심지어 장례식장에서 함께 노래한다. 외식할 때도 마찬가지다. 의도는 좋지만 우리는 레스토랑 직원들의 생일 축하 노래를 묵묵히 참고 들어야 한다.

이런 경우들이 동일하게 의미 있는 것은 아니지만 공통적으로 뭔가 비슷한 일이 일어나고 있다. 노래는 사람들을 하나로 묶는다.

단순히 한 목소리로 암송하거나 외치는 것보다 함께 노래하는 것이 동료의식을 느끼는 데 효과적이다. 함께 노래하면 같은 생각, 같은 열정, 같은 의도를 서로 나누면서 긴 시간을 함께 보낼 수 있다. 이 과정은 실제로 몸에 물리적인 영향을 미치기도 한다. 과학자들은 함께 노래할 때 몸에서 결속력을 높이는 화학 변화가 일어난다는 사실을 발견했다.

노래의 이러한 특징은 몇 가지 중요한 암시를 주는데, 각각의 암시를 찾아내려면 큰 지혜와 분별력이 필요하다. 분명히 성경은 회중 찬양에 대해서만 말하지 않는다. 홀로 찬양할 때도, 음악적으로 유능한 사람이 솔로로 인도할 때도, 찬양대가 찬양할 때도, 교인들이 나뉘어 서로 화답하며 찬양할 때도 하나님은 높임을 받으신다. 성경은 정확히 누가, 언제 찬양하라고 구체적으로 말하지 않는다.

그러나 성경은 무엇보다 공통의 신앙을 함께 고백하는 신자들을 강조한다. 요한계시록은 예수님이 독립적인 솔리스트들을 위해서, 자신의 구름 위 혹은 새 땅의 여러 지역에서 자기들끼리만 찬양할 사람들을 위해서 돌아가셨다고 말하지 않는다. 그분은 우주적 찬양대를 구속하기 위해 돌아가셨다.

이것은 교회 안의 모든 목소리가 중요하다는 뜻이다. 우리는 다른 사람들의 찬양을 듣기만 해서는 안 되며 우리끼리만 찬양해서도 안 된다. 우리는 함께 찬양해야 하며, 자신이 속한 교회에서는 더욱더 함께 찬양해야 한다.

당신에게 노래가 있는가? 당신이 그리스도께서 완성하신 사역을 믿는다면, 당신이 용서받았고 하나님과 화해했다면 당신에게는 노래가 있다. 그것은 구속받은 자의 노래이며, 예수 그리스도의 십자가를 통해 하나님의 진노에서 해방되어 이제 그리스도의 친구라 불리는 사람들의 노래다. 우리가 전에는 백성이 아니었으나 이제는 하나님의 백성이다. 그래서 우리가 모든 목소리를 모아 함께 노래하는 것은 이 진리를 표현하는 한 방식이다.

교회를 하나 되게 하는 찬양을 불러라

이것은 무엇을 의미하는가? 첫째, 교회를 분열시키지 않고 하나 되게 하는 찬양을 불러야 한다. 우리는 하나님이 다양한 문화, 다양한 인종, 다양한 세대에 주신 다양한 음악 장르와 스타일을 인정해야 한다. 교회에서 '모두에게 맞는 음악'이란 없다. 그러므로 모두에게 맞는 음악이 있다고 선전해서는 안 된다.

우리 교회에는 대부분의 교인들에게 맞는 공통된 음악 스타일이 있지만, 그래도 이따금 새로운 스타일의 노래를 소개한다. 그래야 새로운 방식의 음악으로 표현된 하나님의 영광을 알기 때문이다. 그러나 교인들을 하나로 묶는 가장 중요한 요소는 교인들 자신의 목소리다.

하나님은 성경 여러 곳에서 악기로 찬양하라고 명하신다(시 33:2-

3; 81:2; 150편). 그러나 그보다도 노래로 찬양하라는 명령을 더 많이 하신다. 악기의 주된 목적은 믿음 가득하고, 복음 중심적이며, 열정적인 찬양을 돕는 것이다. 그래서 나는 늘 교회 리더들에게 한 줄이든, 한 절이든, 한 곡 전체든 간에 아카펠라로 찬양하는 시간을 가지라고 독려한다.

교회는 특별한 스타일의 음악이 아니라 교인들의 목소리로 하나 되어야 한다. 성도들이 목소리에 집중하고, 예수님이 이것을 가능하게 하셨다는 사실에 집중할 때, 음악 스타일은 부차적인 것이 된다.

교회에서 음악적 창의성의 역할은 제한적이다

또 하나의 의미가 있다. 교회에서 음악적 창의성의 역할은 제한적이다. 교회는 하나님의 영광과 그분에 대한 우리의 반응을 표현하는 새롭고 다양한 방식을 늘 탐구해야 한다. 그러나 하나님은 가장 급진적이고, 최첨단을 달리며, 가장 창의적인 음악으로 찬양하라는 과제를 주신 게 아니다. 주일에 부를 찬양을 고를 때 개인이 수집한 찬양 목록은 최선의 출발점이 아니다. 혁신적인 음악으로 교회를 분열시킬 수도 있는 창의성이 아니라 집중력을 흐트러뜨리지 않는 창의성, 복음 중심의 진리로 교회를 하나 되게 하는 창의성이 필요하다.

복음이 우리를 하나 되게 한다

마지막으로, 음악이 아니라 복음이 우리를 하나 되게 한다. 이 사실을 분명히 해야 한다. 점점 많은 교회가 음악적 입맛이 다양한 사람들을 위해 다양한 예배 형식을 도입한다. 이런 결정은 좋은 의도에서 나온다. 그렇더라도 장기적으로 이런 결정은 가족 구성원과 세대 간의 분리를 초래하며, 그리스도인들이 예수 그리스도가 아니라 음악적 취향을 중심으로 모인다는 인상을 줄 수 있다.

함께 모여 예배하지 못할 만큼 서로 좋아하지 못한다면, 세상을 향해 뭐라고 말할 수 있겠는가? 함께 하나님을 예배하는 모습은 세상을 향한 의도되지 않은 증언이다. 이러한 모습을 통해 음악적 스타일이나 취향이나 배경이 아니라 복음이 우리를 하나 되게 함을 드러낸다. "그는 우리의 화평이신지라 둘로 하나를 만드사 원수 된 것 곧 중간에 막힌 담을 자기 육체로 허시고"(엡 2:14). 그리스도께서는 국적과 인종과 계층의 벽을 허무셨다. 그뿐 아니라 음악적 취향의 벽도 허무셨다.

나는 우리 교회 성도들을 무척 사랑한다. 우리가 단순히 같은 종류의 음악을 좋아하기 때문이거나, 같은 밴드의 이름을 댈 수 있기 때문이거나, 같은 찬송가를 사용하기 때문이 아니다. 예수님이 단번에 완전하신 대속의 죽음으로써 그들을 사랑할 수 있게 하셨기 때문이다.

요한계시록에서, 천군 천사들이 하나 되는 이유는 그들의 음악적 스타일 때문이 아니라 그들이 부르는 노래의 핵심 때문이다.

> 그들이 새 노래를 불러 이르되 두루마리를 가지시고 그 인봉을 떼기
> 에 합당하시도다 일찍이 죽임을 당하사 각 족속과 방언과 백성과 나
> 라 가운데에서 사람들을 피로 사서 하나님께 드리시고 그들로 우리
> 하나님 앞에서 나라와 제사장들을 삼으셨으니 그들이 땅에서 왕 노
> 릇하리로다(계 5:9-10).

모든 족속과 방언과 백성과 나라에서 온 자들이 어떤 종류의 음
악으로 찬양할지 나는 모른다! 하나님은 성경에 사운드트랙을 포함
시키지 않으셨다.

그 대신, 하나님은 찬양의 초점이 무엇이어야 하는지 말씀해 주
셨다. 찬양받기 합당한 죽임 당하신 어린양이다. 어린양이 언제나
우리가 함께 부르는 찬양의 중심이어야 한다. 왜냐하면 예수님이
이것을 가능하게 하신 분이기 때문이다.

하나님이 우리의 기교나 노력이나 연습이나 진지함 때문에 찬양
의 제사를 받으신다고 생각하기 쉽다. 헤롤드 베스트는 우리의 모
든 제사가 "보잘 것 없으나 예수 그리스도의 강력한 구원 사역을 통
해 높아진다"는 점을 상기시킨다.[8] 우리의 제사가 보잘것없는 이유
는 우리의 찬양 가운데 어느 하나도 구주의 찬양과 분리되어 하나님
의 귀에 이르지 못하기 때문이다. 우리의 찬양은 그분의 영광스럽

고 완전한 찬양과 연합한다. 하나님은 우리의 찬양을 마치 그리스도께서 직접 부르신 것처럼 받으시며, 바로 이 사실이 우리의 제사를 드높인다. 놀랍지 않은가?

내가 인도하는 찬양을 녹음해 들을 때면 가끔 이런 생각이 든다. "끔찍해! 어떻게 하나님이 이것을 참고 들으시지?" 하나님이 참고 들으시는 까닭은 우리가 그분의 아들을 통해 하는 것이기 때문이다. 분명히, 우리의 예배에는 기술과 기교와 진지함이 필요하다. 그러나 우리의 믿음은 우리가 하는 일에 있지 않다. 우리의 믿음은 예수님이 우리를 위해 십자가에서 성취하신 일에 있다.

그 나라의 노래를 고대하며

그렇다면 요한계시록에서 보는 찬양을 독려하고 그런 찬양을 하기 위해 각각의 교회에서는 어떤 노력을 하고 있는가? 오히려 그런 찬양을 억제하고 있지는 않은가? 지도자들은 찬양의 목적과 관련해 성실하게 모범을 보이고 교회를 가르쳐야 한다. 왜냐하면 우리는 음악에 중독된 문화에 살기 때문이다. 우리의 찬양이 요한계시록에 나타난 찬양을 점점 닮아가도록 예배에서 음악의 역할을 가르쳐야 한다. 새 하늘과 새 땅에서 우리는 보좌에 앉으신 이와 죽임 당하신 어린양께 흐트러짐이 없으며, 열정적이며, 하나 되며, 말씀 중심적인 찬양을 영원히 올려 드리게 도와야 한다.

Recalling the Hope of Glory(영광의 소망을 회상하며)에서, 알렌 로스는 선견지명의 가치를 상기시킨다.

> 더없는 영광 가운데 계신 부활하신 그리스도를 이해하기 시작하거나, 보좌를 찬양으로 두른 천상의 찬양대의 노래를 희미하게나마 듣기 시작하거나, 주님과 함께하는 삶이 어떨지 상상하기 시작한다면, 절대로 다시는 평범한 예배에 만족하지 못한다. 우리는 예배가 영광에 합당하도록 늘 노력할 것이고, 우리의 노력이 아무리 훌륭하고 고상해도 이 세상에 속할 뿐 그 나라에 속하지는 않음을 늘 의식할 것이다. [9]

새 하늘과 새 땅에서 우리는 무엇을 체험할까? 늘 찬양만 하지는 않을 테지만, 그때의 찬양은 지금껏 경험한 그 어떤 찬양과도 다를 것이다. 하나님의 영광을 더 분명하게 보며, 새 힘을 얻어 하나님께 합당한 영광을 돌리고, 모든 죄의 영향에서 벗어나 무한한 시간 가운데 하나님께 영광을 돌릴 것이다. 찬양은 마침내 창조된 목적을 온전히 이룰 것이다.

그날이 올 때까지 우리는 찬양을 계속한다. 우리를 역사 속의 성도들과 이어주는 옛 노래에 대해 하나님께 감사하며, 새로운 방법으로 영원한 진리를 표현하는 새 노래를 기뻐하며, 아직 이르지 않은 노래들을 고대한다.

구주께서 우리를 구원하신 목적은 구속받은 자의 노래를 부르게 하는 것이다. 우리가 그 노래를 잘 부르게 하소서. 우리가 그 노래를 쉼 없이 부르게 하소서. 우리가 그 노래를 뜨겁게 부르게 하소서. 주님의 영광을 위해, 복음의 진보를 위해 그 노래를 부르게 하소서.

혀의 성숙, 말씀이
내 속에 들어오게 하는 것이
해법이다

존 파이퍼
마크 드리스콜
싱클레어 퍼거슨
저스틴 테일러

이 대담은 2008년 9월 26일 '말'에 대한 주제로 열린 '디자이어링 갓 컨퍼런스'(Desiring God Conference)에서 있었던 패널 토의를 녹취 편집한 것이다. 이 책은 이 컨퍼런스에서 발표된 강연들을 정리해서 엮은 것이다. 진행은 저스틴 테일러가 맡았다.

* 존 파이퍼 목사님, 이번 컨퍼런스에서 싱클레어 퍼거슨 목사님은 '혀의 권세'라는 주제로 발표하셨는데요, 이 메시지에서 목사님 개인적으로 받은 도전이나 깨달음이 있으셨는지 궁금합니다.

존 파이퍼: 먼저, 설교적인 면에서 도움을 얻었습니다. 싱클레어 목사님은 '영적 성숙이 혀를 제어하는 것을 통해 증명된다'는 전제를 가지고 말씀하셨습니다. 이어서 야고보서 전체를 혀의 사용이라는 주제로 분석하셨습니다. 이 점이 제게 인상적으로 다가왔습니다.

흔히 야고보서는 지혜문학이라고 여겨질 만큼 복음을 직접적이기보다는 암시적으로 제시한다고 봅니다. 그래서 혀에 대한 내용역시 개괄적인 내용으로만 되어 있다고 생각하기 쉽습니다. 그런데 싱클레어 목사님의 분석을 통해, 야고보서가 혀에 관한 실제적인 조언으로 둘러싸여 있음을 알게 되었습니다.

싱클레어 퍼거슨 목사님은 조나단 에드워즈의 〈결심〉과 같은 형태로, 혀에 관련된 실제적인 지침이 될 만한 20개의 결심 목록을 제시했습니다. 이런 부분에서 도전을 받았습니다. 금방 선명하게 드러나지 않더라도, 주어진 단락에 집중하고 묵상하면서 실제적인 지침과 조언들을 찾을 수 있다는 것을 깨닫게 되었습니다.

또 개인적인 면에서 받은 도전도 큽니다. 목사님은 우리 그리스도인들이 방을 나서거나 엘리베이터에서 내릴 때, 우리의 말을 통해다른 사람들에게 "저 사람이 어디서 왔지?"라는 의문을 갖게 할 만큼 영향력이 있어야 함을 강조하셨습니다. 이에 대한 해답으로 하나님의 말씀을 제시하셨습니다. 목사님은 우리가 하나님의 말씀을 받아들인다면, 그 말씀이 우리를 빚게 될 것이라고 하셨습니다. 그래서 우리에게서 성경의 억양이나 그리스도의 억양이 나오게 될 것이라고 하셨습니다. 제 삶에도 이런 열매가 맺히길 소망합니다.

* 마크 드리스콜 목사님은 어떤 도전을 받으셨는지요?

마크 드리스콜: 선생 된 우리들이야말로 다른 사람들보다 더 엄중한 심판을 받을 것이라는 것을 다시 주목하게 되었습니다(약 3:1). 저는 이 부분에 있어서 몇 차례 실패를 경험했습니다. 더 많은 책임보다는 선생이라는 사실에 우쭐해 있었습니다. 그래서 싱클레어 퍼거슨 목사님의 강연에 깊은 깨달음을 얻었습니다.

또 목사님은 적절한 말이 나오도록 하려면 성경이 우리 속에 들어오게 하는 것이 해법이라고 하셨습니다. 존 파이퍼 목사님처럼, 저도 이 부분이 매우 인상 깊었습니다. 저의 경우, 설교자로서 다른 사람을 가르치거나 연구하느라 성경을 더 많이 묵상합니다. 많은 사역자들이 저와 같은 문제로 씨름한다는 것을 알고 있습니다. 싱클레어 목사님의 말씀처럼, 한 사람의 선생으로서가 아니라 한 사람의 그리스도인으로서, 성경에 흠뻑 빠져야겠습니다. 이제 이렇게 되도록 기도할 것입니다.

* 싱클레어 퍼거슨 목사님, 하나님이 어떻게 당신을 목회자로 부르셨는지 말씀해 주시겠습니까?

싱클레어 퍼거슨: 부르심 이전에, 먼저 저의 회심을 이야기하는 것이 좋을 것 같습니다. 다 이야기하면 아주 길지만 짧게 말씀 드릴게요.

저는 엄격한 비기독교 가정에서 성장했습니다. 부모님들은 스스로를 그리스도인이라고 생각했지만, 제가 회심할 때까지 부모님과 예배를 드린 경험은 고작 두 번뿐이었습니다. 한 번은 제가 일곱 살 즈음에 있었던 할머니 장례 예배 때였고, 또 한 번은 부모님 손에 이끌려 참석한 상당히 이상한 예배였습니다.

저는 1948년에 태어났습니다. 1950년대 초의 대부분의 스코틀랜드 부모들은 아이들을 반듯하게 키우기 위해서는 주일학교에 보내야 된다고 생각했습니다. 그래서 부모님도 저를 교회에 보냈습니다. 아홉 살 무렵, 주일학교 선생님 소개로 성경 읽기 모임인 성서유니온(Scripture Union)에 참여하게 되었습니다. 당시 성서유니온에서는 아홉 살, 열다섯 살, 스물다섯 살을 위한 매우 간단한 성경 주석들을 발행했는데, 이때부터 성경을 읽기 시작했습니다. 5년 동안 거의 빠지지 않을 정도로 열심이었습니다. 그 시절 저에게 성도의 삶은 그저 성경을 읽고, 기도하며, 길 건너는 할머니를 돕거나 버스에서 노인에게 자리를 양보하는 정도로 생각했습니다.

그러던 중 열네 살 때, 몇 가지 일이 일어났습니다. 성경을 읽다가 주님이 이렇게 말씀하시는 부분을 읽게 되었습니다. "너희가 성경에서 영생을 얻는 줄 생각하고 성경을 연구하거니와 이 성경이 곧 내게 대하여 증언하는 것이니라"(요 5:39-40). 이 말씀에 강한 깨달음을 얻고 그때부터 그리스도를 탐구하기 시작했습니다. 그로부터 네다섯 달 동안, 제 자신의 죄를 아주 깊이 깨달았습니다.

어느 날 밤, 교회에서 집으로 돌아오는 중이었습니다. 당시 저는 아침 예배뿐 아니라 저녁 예배도 참석했어요. 1963년 1월, 안개가 자욱하고 살얼음이 끼어 몹시 미끄러운 주일 밤이었는데, 돌아오는 길에 미끄러져 균형을 잃었습니다. 다시 균형을 잡았을 때, 제 앞에는 머리끝에서 발끝까지 온통 검정색 차림인 남자가 서 있었습니다. 그는 제 얼굴을 쳐다보다가 잠시 후 제 손에 들린 작은 성경책을 보고는 "얘야, 너는 구원을 받았니?"라고 물었습니다. 저는 울음을 터트렸습니다. 어떻게 얼음 때문에 마주친 전혀 낯선 사람이 저의 갈망을 정확히 꿰뚫어 보았는지 모르겠습니다.

그 후, 요한복음에서 전하는 복음을 들었습니다. "나는 세상의 빛이니 나를 따르는 자는 어둠에 다니지 아니하고 생명의 빛을 얻으리라"(8:12). 이 말씀을 통해, 그리스도는 저의 것이고 저는 그리스도의 것이라는 확신을 얻었습니다. 그때가 열네 살이었습니다.

18개월이 지난 후, 하나님이 저를 목회자로 부르신다는 느낌을 강하게 받았습니다. 이상한 일이었죠. 저는 사람들 앞에서 말하는 것도 힘들어하는 아이였거든요. 그러니 목회자의 소명은 제게 정말 큰 도전이었어요.

큰 도전이 하나 더 있었습니다. 목사가 되려면 대학에 가야 하는데, 우리 집안은 대학에 간 사람이 한 명도 없었습니다. 제게 대학 진학이란 히말라야 등반과도 같았습니다. 그러나 저는 하나님의 은혜로 대학에 진학했습니다.

열일곱 살 무렵, 성경의 절대 무오(無誤)와 권위를 확신했습니다. 정말 성경이 그렇다면 성경의 그 어디라도 설교할 수 있겠지요. 그러나 그렇게 믿거나 실천하는 사람이 아무도 없었습니다. 당시 스코틀랜드에는 대학이 여섯 개뿐이었습니다. 오래된 네 개의 대학 중에서 5백 년 된 한 대학에 가기로 결정했습니다. 원래 글래스고우에 살았는데, 집에서 멀리 갈수록 좋다고 생각했죠. 글래스고우 사람들은 에든버러에 대한 선입견이 아주 심했고, 제게도 그런 선입견이 있었기에 에든버러의 대학에는 가지 않으려 했습니다. 골프를 좋아해서 세인트 앤드류의 대학에 가는 것도 지혜롭지 못하다고 생각했습니다. 그곳에 갔다가는 골프 때문에 하나님이 주신 소명을 팽개치고 싶은 유혹을 받을 것 같았기 때문이죠. 그래서 집에서 240킬로미터 가량 떨어진 에버딘으로 갔습니다. 꼭 지구 끝으로 가는 듯한 기분이 들었죠!

가족이 교회에 나오고 주님을 믿기 시작했습니다. 그때 누군가 저의 아버지에게 말했어요. "싱클레어가 대학에 가거든, 윌리 스틸(Willie Still) 목사님을 찾아가 메시지를 들으라고 하세요." 윌리 스틸 목사님은 에버딘에서 사역하고 계셨습니다. 하나님의 은혜로, 윌리 스틸 목사님을 찾아가 메시지를 들은 게 제가 한 일 중에서 가장 잘한 일이었습니다. 윌리 스틸 목사님은 아주 이상한 분이었습니다. 설교 스타일이 특이했죠. 그러나 목회 중에 성경 전체를 세 차례나 설교하셨습니다. 교회 기도회는 지금껏 경험한 가장 놀라운 광경이었습니다. 마치 헬리콥터를 타고 오르는 것 같았습니다. 토요일 밤이 되면, 보통 두 시간 반 동안 기도로 온 세계를 돌아다니며 제가 들어본 적도 없는 곳을 위해 기도했습니다. 제가 받은 인상은 그저 놀라울 뿐이었습니다.

그 후로 오랜 세월이 흘렀고 할 얘기도 많지만, 여기까지만 하겠습니다.

* 존 파이퍼 목사님, 싱클레어 퍼거슨 목사님은 "말을 지나치게 많이 해도 위험하고, 말을 지나치게 적게 해도 위험하다"고 하면서 이 문제를 논쟁과 관련 지어 살펴보았습니다. 존 파이퍼 목사님은 어떻게 이 두 극단을 피하시는지요? 논쟁을 지나치게 사랑하는 사람들이 있는가 하면 논쟁이라면 지레 겁을

먹는 사람들도 있습니다. 목사님은 어떻게 그 중간에서 성경적인 길을 걸으시는지요?

존 파이퍼: 싱클레어 퍼거슨 목사님의 첫 번째 결심은 "지혜를 달라고 기도하겠다" 하는 것이었는데, 저 역시 이것이 극단을 피하는 첫 단계라고 생각합니다. 저는 이렇게 기도합니다. "주님, 성경에는 '어떤 논쟁에는 참여하고, 어떤 논쟁에는 참여하지 말라'라는 분명한 말씀이 없습니다. 그래서 특별한 지혜가 필요합니다."

두 번째, 제 생각에 논쟁에 대한 참여 여부는 주어진 '문제의 심각성'과 연관이 있습니다. 여기서 심각성이란 사람들에게 상처를 주고 하나님을 욕되게 하는 파급 효과를 말합니다. 그래서 저는 지혜를 달라고 기도하며 분별하려고 노력합니다. '이것이 유행하고 성공하면 얼마나 많은 사람이 상처를 입고, 하나님이 얼마나 크게 모욕을 당하실까?'를 생각하지요.

세 번째로 저는 이렇게 묻죠. '내가 이 논쟁에 적합한가?' 제가 많은 논쟁에 손대지 않는 이유는 제가 그 논쟁에서 쓸모 있을지 없을지 알지 못하기 때문입니다. 그래서 저는 목사로서 제 자신의 성향과 은사와 시간과 위치를 생각합니다. 어떤 문제들의 경우, 학자들에게 기대야 합니다. 제가 그 문제와 관련해 충분한 전문 지식을 쌓을 시간적 여유가 없기 때문입니다.

제 마음에 떠오르는 네 번째 기준은 이것입니다. '그 문제가 내 속에서 불타고 있는가?' 내가 자리에 눕고 일어날 때, 그 문제가 내 속에서 떠나지 않는가를 살핍니다.

다섯 번째 기준은 '그 문제가 내 삶에서 나와 가까운 사람들에게 영향을 미치는가?'입니다. 내 아들이, 내 교회가, 내 스텝이 그 문제와 씨름하는 중인가? 만약에 그 문제가 저 자신과 이처럼 밀접한 연관이 있다면 선택의 여지가 없습니다.

이상이 제가 생각하는 몇 가지 단계입니다. 그러나 실제로 중요한 것은 첫째 단계인데, 그 핵심은 내가 어떤 논쟁에 참여할 것인가, 참여한다면 어느 정도까지 참여할 것인가로 요약됩니다.

* 마크 드리스콜 목사님, 목사님은 논쟁에 꽤 활발하게 참여하신다고 들었습니다. 목사님을 비판하는 사람들에게서 무엇을 배우셨는지요? 비판을 가장 잘 받아들이는 방법 및 비판을 가장 잘하는 방법을 연결시켜 말씀해 주시겠습니까?

마크 드리스콜: 《빌리 그레이엄의 리더십의 비밀》이라는 책을 읽은 적이 있는데, 그 책에는 그레이엄 목사님이 비판을 어떻게 다뤘는지 소개하고 있습니다.[1] 그 책에 따르면, 그레이엄 목사님은 자신의 비판자를 코치로 바꿀 때가 많았습니다. 그분은 비판자의 말을 깊이 생각하고, 기도를 통해 하나님과 함께하는 시간을 가지며, 기

본적으로 이렇게 묻는다고 했죠.

"이 비판에 어떤 진리가 담겼는가? 말투가 나쁘고 의도가 나쁘더라도, 마음에 악의가 있더라도, 사실이 왜곡되더라도, 내가 주목해야 할 진실이 포함되어 있는가?" 그리고 종종 자신의 비판자를 만나 그들의 목소리를 듣고, 회개하거나 합당한 비판을 숙고하며, 혹시 오해가 있으면 푼다고 했습니다. 이러한 행동이 지금의 빌리 그레이엄을 만들었다고 생각합니다. 그래서 저는 하나님의 섭리로 비판자가 어떻게 코치가 될 수 있는지, 비판자가 저의 성장에 어떤 도움이 될 수 있는지 배우려고 계속 노력 중입니다.

이런 노력 덕분에 비판으로 힘들어하는 사람들을 더 부드럽게 대하게 되었습니다. 그저께 저녁에 〈스포츠 센터〉라는 프로그램을 보았습니다. NFL(프로 미식축구 리그)의 어느 쿼터백 이야기가 소개되었는데, 그 선수는 심한 부상을 입었고 신경쇠약에 빠졌습니다. 중압감과 비난을 이겨 내지 못하는 그 선수를 보며 팀도 걱정이 많았죠. 어쩌면 평생 처음으로, 운동선수를 위해 기도하고 싶어졌습니다. 그래서 그 자리에 앉아 그 선수를 위해 기도했습니다. 그 선수가 예수님을 안다면 예수님이 그를 위로해 주시고, 그가 예수님을 모른다면 예수님을 만나 자신의 활약이 아니라 그리스도 안에서 자신의 정체성을 발견하며, 자신을 비난하는 팬들에게 인정받기 위해서가 아니라 하나님의 영광을 위해서 살도록 기도했습니다.

실제로 우리는 즉각적이고, 지속적이며, 세계적이고, 영구적으로 의사소통하는 세상에 삽니다. 이것이 비판에서도 동일하게 적용될 수 있습니다. 이 때문에 모든 것이 변한다고 할 수 있습니다.

* 방금 말씀하신 네 가지(즉각성, 지속성, 세계성, 영구성)에 대해 좀 더 말씀해 주시겠습니까?

마크 드리스콜: 이것은 릭 워렌 목사님이 하신 말입니다.

- 즉각적이다(instant): 현대의 의사소통은 즉시 이루어집니다. 우리가 한 말을 사람들이 실시간으로 인터넷에 올린다는 뜻입니다.
- 지속적이다(constant): 하루 24시간, 일주일에 하루도 빠짐없이 진행됩니다.
- 세계적이다(global): 일단 올라가면, 세상에 공개됩니다.
- 영구적이다(permanent): 한 번 공개되면 영원히 남습니다.

과거에는 사람들이 자신의 주장(비판)을 신문사에 투고하는 형태였습니다. 그러면 신문에 게재되더라도 신문사는 제한된 부수를 인쇄했습니다. 아무도 읽지 않으면, 그것으로 영원히 끝이었습니다. 이제는 그렇지 않습니다. 이제는 비판이 즉각적이고, 지속적이며, 세계적이고, 영구적입니다. 그래서 우리는 지나치게 소심하고 조심하게 되며, 실제로 권위 있게 말하는 능력을 잃어버립니다. 제가 그랬듯이, 실수하고 죄를 지으면 그 짐을 평생 지고 살아야 합니다. 솔직히 말씀드리면 그로 인해 슬픔이 찾아옵니다. 비탄과 후회와 가책이 생깁니다.

* 실제로 목사님을 비판하는 사람들에게서 무엇을 배우셨는지요?

마크 드리스콜: 잠언은 "친구의 아픈 책망은 충직으로 말미암는 것"(27:6)이라고 말합니다. 우리를 사랑하고 우리에게 희망을 품은 사람이 비판한다면 그것은 좋은 비판입니다. 이들의 비판은 실제로 유익합니다. 파이퍼 목사님은 그런 친구입니다. C. J. 매허니 목사님도 그런 친구입니다. 그들은 제게 희망을 품고 저를 사랑하십니다. 그들이 비판하는 목적은 저를 무너뜨리기 위해서가 아니라 저를 돕기 위해서입니다. 방금 인용한 잠언 구절이 바로 이것을 말합니다. 반대로, 비판하는 사람들 중에는 우리를 사랑하지 않는 사람들이 있다는 것을 인정해야 합니다. 이들 가운데 어떤 사람들은 우리에게 시간을 내지도 않습니다. 이들은 그저 그리스도를 위한 저격수일 뿐입니다. 이들은 항상 저격할 사람을 물색 중입니다. 이런 비판은 앞서 말한 친구의 비판과는 차이가 있다고 볼 수 있습니다. 이런 비판에는 분별이 필요합니다.

* 싱클레어 퍼거슨 목사님, 목사님은 낙심될 때 특히 시편에서 큰 위로와 힘을 얻으신다고 알고 있습니다. 영적으로 어두운 시기나 낙담의 시기를 헤쳐 나갈 때 시편을 어떻게 활용하시는지 소개해 주시겠습니까?

싱클레어 퍼거슨: 저는 그리스도인으로 살아오면서 상당히 일찍 깨달은 바가 있습니다. 일반적으로 고통은 저를 바로잡을 뿐 아니라 그리스도께 더 민감하게 한다는 것입니다.

저는 구약학자도 아니고 신약학자도 아닙니다. 그러나 하나님의 은혜로 원초적 본능을 익혔습니다. 저를 그리스도께로 인도해 줄 고통의 상황에서 시편을 생각합니다. 저는 이 시편이 가르쳐 주는 것을 보려고 노력합니다. 예를 들어, '이것이 그리스도에 관해 내게 무엇을 가르치는가?' '이것이 어떻게 그리스도를 더 닮게 하는가?'

하나님은 제게 일어나는 모든 일을 하나도 남김없이 사용해 그리스도를 더 닮게 하십니다. 그래서 저는 이렇게 생각합니다. 참된 비판이든 거짓된 비판이든 간에 우리는 모든 비판에서 하나님의 섭리의 핵심을 봅니다. 비판에 은혜로 반응하면 절대로 비판의 패배자가 되지 않는다는 뜻입니다. 마지막 날에 그 비판이 우리를 빚기 때문입니다.

부활은 그리스도께서 우리 안에 뿌렸던 씨앗이 자라고 열매 맺어 밖으로 터져 나오는 것입니다. 그리스도인의 모든 삶은 그리스도와의 지속적인 교제와 그의 부활에 참여하려고 그분의 죽음을 본

받는 것을 포함합니다. 그러므로 우리는 그날을 위해, 그리스도를 위해 삽니다(빌 3:10-12).

이것들은 시편에 항상 나타나고, 그리스도에게서 더없이 완전하게 발견되며, 신약성경이 가르치는 시각입니다. 이것은 세상과 저 자신의 삶을 비교적 안정된 방식으로 보도록 도와줍니다.

* 존 파이퍼 목사님, 마태복음 12장 36-37절은 "내가 너희에게 이르노니 사람이 무슨 무익한 말을 하든지 심판 날에 이에 대하여 심문을 받으리니 네 말로 의롭다 함을 받고 네 말로 정죄함을 받으리라"라고 말합니다. 우리가 심판 날에 모든 부주의한 말에 대해 심문을 받는다면, 심히 절망적이지 않습니까?

존 파이퍼: 여기서 '심문을 받는다'(give account for)라는 표현은 하나님이 우리 말을 근거로 우리를 받아들일지 말지 결정하신다는 뜻은 아닙니다. 이렇게 생각하는 이유는 예수님이 하신 다른 말씀들 때문입니다. 그 가운데서도 특히 혀로 수만 번도 더 실패한 세리가 "감히 눈을 들어 하늘을 쳐다보지도 못하고" 그저 자비만 구했기 때문에 "의롭다 하심을 받고 그의 집으로 내려갔느니라"라는 말씀 때문입니다(눅 18:9-14). 예수님은 하나님이 세리를 받아들이셨다고 말씀하십니다. 그러므로 혀의 행위와 무관하게 오직 믿음으로 의롭다 함을 받는다고 이해하는 것이 맞습니다.

저는 절망 때문에 기초가 무너질 거라고 생각지 않습니다. 우리는 때로 절망하지만 하나님의 주권적이며 값없는 은혜의 반석에 서 있습니다. 그 은혜는 말의 실수가 전혀 없으신 분의 은혜입니다. 그분의 의(義)가 우리 혀의 의(義)로 여겨질 것입니다. 우리는 바로 이런 기초 위에 서 있습니다.

신약성경은 '행위에 따른 심판'을 말합니다. '~에 따라'(according to)라는 말과 '~을 근거로'(on the ground of) 또는 '너희를 받아들인 기반'(foundation of your acceptance)은 같은 뜻이 아닙니다. 우리는 자신의 혀로 행했던 선이나 악의 보상을 받을 것입니다. 이것이 어떻게 이루어질까요? 저는 하나님을 즐거워하고 천국의 모든 혜택을 누리는 능력의 차이가 그 보상이라고 생각합니다. 조나단 에드워즈는 모든 사람이 완벽하게 행복할 테지만, 어떤 사람들은 그 행복이 채워질 잔이 더 클 것이라고 설명합니다.[2] 따라서 우리는 천국에서 완벽하게 행복할 것입니다. 그리고 천국에서는 아무도 영원한 절망 가운데 살지 않을 것입니다. 우리는 십자가의 강도처럼 구원받았기 때문입니다. 그렇더라도 십자가의 강도는 자신의 혀에 대해 심문을 받아야 합니다(마지막 30분을 제외하면, 그가 혀로 한 짓은 모두 죄뿐이었겠지요). 따라서 마지막 날에, 제가 눈물을 흘리고 슬퍼하며 후회할 순간이 있을 것이라 생각합니다. 주님이 저를 쳐다보시겠지요. 저는 그분에게 너무나 많은 실망을 안겨드렸다는 것 때문에 풀이 죽어 있을 겁니다. 이런 의미에서는 절망적입니다. 그러나 결정적으로, 영원히, 잔혹하게, 자멸적으로 절망적이지는 않습니다.

여기에 적용되는 성경 구절이 있습니다. 제가 가장 좋아하는 말씀 가운데 하나인데, 미가서 7장에 있습니다. "나는 엎드러질지라도 일어날 것이요 어두운 데에 앉을지라도 여호와께서 나의 빛이 되실 것임이로다"(7:8-9).

존 파이퍼의 삶이라는 캐비닛을 가득 채운 기록물이 마지막 날에 모두 열리겠지요. 62년간의 기록이 모두 공개될 겁니다. 그리고 파일마다 점수가 매겨질 겁니다. F, D, C+, 여기저기 B-도 있겠지요. 하나님은 저의 거듭남에 대한 증거가 안 되는 것들을 모두 꺼내 보여 주시겠지요. 저는 슬퍼할 테고, 하나님은 그 모두를 던져 버리실 겁니다. 그 모두를 예수님의 피로 덮으실 것입니다. 저는 '행위에 따른 심판'을 이렇게 이해합니다. "존 파이퍼는 거듭났기 때문에 나의 아들과 연합되었고, 나의 아들은 잘못된 말을 하나도 하지 않았기 때문에 존 파이퍼의 모든 실패는 여기서 덮였노라."

* 마크 드리스콜 목사님, 영광된 그리스도의 대속(代贖) 교리가 몇몇 진영에서 조롱받고 있습니다. 그러나 목사님은 이 교리를 계속 전하고, 목사님의 교회는 계속 성장합니다. 목사님은 교인들을 십자가로 어떻게 상담하시는지요?

마크 드리스콜: 《십자가: 사랑과 죽음》(*Death by Love: Letters from the*

Cross)이라는 책에서, 저희 교회 성도들의 사례를 소개하고, 그들에게 편지 형식으로 예수님의 십자가 죽음이 실제로 그들의 문제에 대해 어떻게 해답이 되는지 알려 주었습니다. 각 사례의 앞부분은 신학적 관점에서 본 형벌 대속에 관한 내용이고, 편지는 아주 목회적입니다. 예를 들면, 달램(propitiation, 하나님의 진노를 달랜다는 뜻이며, '속죄'라고도 번역한다─옮긴이)에 관한 장을 아동성도착증 때문에 괴로워하는 사람에게 썼습니다.

개인적으로 가장 가슴 아팠던 사례는 아주 소중한 제 친구의 이야기였습니다. 그 자매는 성폭행을 당했고, 그 후로 늘 자신이 더럽고 불결하며 부정하다고 느꼈습니다. 이것은 결혼 생활에도 매우 부정적인 영향을 미쳤습니다. 자매에게 속죄(expiation)에 관한 장을 쓰면서, 예수님이 어떻게 우리를 불의에서 깨끗하게 하셨는지, 요한계시록에서 신랑이 어떻게 흰옷을 입게 되는지, 자매가 어떻게 그리스도 안에서 그렇게 되는지 들려주었습니다. 저희 교회 많은 여성도들이 성폭력이나 성희롱의 피해자입니다. 저희는 이들을 섬기고 돕기 위해 더 많이 노력하고 있습니다. 예수님의 십자가 없이는 그 누구도 돕지 못합니다. 이것이 저희의 확신입니다. 예수님의 십자가를 빼면 남는 것은 하나뿐입니다. 바로 모범을 보이신 그리스도이지요. "예수님이 이렇게 사셨습니다. 그러니 당신도 최선을 다하세요." 하지만 이것은 그야말로 절망입니다.

저희는 예수님이 새 생명을 주려고 돌아가셨다고 가르치며, 속죄와 거듭남을 연결합니다. 이것이 우리를 살리기 위해 예수님이 하신 일입니다. 저희의 모든 상담과 목양은 바로 여기서 나옵니다. 그러자 사람들이 백여 명, 또 백여 명, 또 백여 명 구원받는 게 보였습니다. 지난해에도 수백 명이 침례를 받았습니다. 절대로 제가 한 일이 아닙니다. 사람들이 예수님을 만나는 모습이 제 눈에 보이고, 자신들이 지은 죄의 문제를, 타인이 자신들에게 지은 죄를 해결하는 모습이 보입니다. 그야말로 기쁨이자 희망입니다.

십자가를 버리려는 사람들은 회심을 버리려 하고, 예수님을 훌륭한 모범으로 남겨 두는 모호한 영성에 만족하려 합니다. 자신 속에 무슨 종교가 있든, 사람들은 그 종교에 노력을 기울입니다. 제 생각에 많은 신학이 이 방향으로 가고 있습니다.

그러나 저는 반대되는 물결을 봅니다. 성경 사랑, 예수님 사랑, 십자가 사랑에 대한 회복, 하나님의 진노와 대속(代贖) 같은 매우 어려운 교리에 대한 사랑의 회복을 봅니다. 제가 볼 때, 이런 교리를 믿고 전하는 곳에는 교회가 서고 성장하며, 믿지 않는 사람들이 돌아옵니다. 정말 좋은 소식입니다. 복음은 지금도 능력이 있습니다!

* 마크 드리스콜 목사님, 대속을 부정하는 사람들이 그 대안으로 제시하는 것은 무엇입니까? 그리고 목사님이 전하시는 피로 물든 성경적 속죄 교리는 무엇입니까? 저들의 주장은 목사님이 전하는 내용과 어떻게 다릅니까?

마크 드리스콜: 이것을 '도덕적·치료적 이신론(moralistic therapeutic deism)'이라고 표현한 것을 보았습니다.[3] 도덕적이란, 착한 사람이 되려고 노력한다는 뜻입니다. 치료적이란, 하나님이 우리에게 더 나은 삶을 위한 원리를 주실 뿐이라는 뜻입니다. 이신론이란, 하나님이 성령의 능력으로 우리를 거듭나게 하지도 않으시고 우리 안에 거하지도 않으신다는 뜻입니다. 이들에 따르면, 하나님은 저 멀리 계시고 위기의 순간에만 개입하십니다. 무엇보다도, 우리는 우리 자신의 것입니다. 도덕적, 치료적 이신론이 오프라 윈프리를 통해, 번영의 신학을 전하는 많은 사람들을 통해, 심리학에 물든 많은 신학을 통해 그 영역을 넓히고 있습니다. 이러한 이신론은 능력이 없습니다. 그러나 이신론은 인기가 높고, 어떤 사람들에게는 돈이 됩니다. 제 생각에는 이것이 대속의 자리를 대신하고 있는 것 같습니다.

이것이 그리스도 중심, 성경 중심, 속죄 중심, 회개 중심, 거듭남 중심의 기독교를 대신한다면, 누가 그리스도인이고 누가 그리스도인이 아닌지, 무엇이 기독교이고 무엇이 기독교가 아닌지 구분이 거의 불가능해집니다. 지금 같은 다원주의 시대에는 도덕이나 치료나 영성을 통합의 중심으로 삼는 추세가 강합니다. 중심이신 예수님은 회개하는 자들만 하나 되게 하시며, 예수님 자신이 구분선이 되십니다. 그리스도인의 첫째 표시는 회개, 곧 이전의 삶에서 그리스도께로 돌아서는 것입니다. 결론적으로 말씀드리면, 선택은 둘 중 하나입니다. 그분에게로 향하든지, 그분에게서 돌아서든지 하는 것입니다.

존 파이퍼: 하나님의 진노가 십자가보다 먼저입니다. 속죄가 필요한 이유는 하나뿐입니다. 하나님이 우리를 향해 진노하시면, 우리는 지옥에 갈 수밖에 없기 때문입니다. 스티브 초크(Steve Chalke)의 저서를 생각해 보십시오.[4] 그는 자신의 책에서 하나님의 진노 개념을 포기했습니다. 이것이 "무엇이 대속을 대신하고 있는가?"라는 물음에 대한 저의 대답입니다. 하나님은 네 이웃을 자신처럼 사랑하고, 네 원수까지 사랑하라고 하셨습니다. 초크는 누구라도 지옥에 보내는 것은 분명히 원수를 사랑하는 모습은 아니라고 말합니다.

제 생각에, 대속에 대한 그들의 대안은 만인구원론(universalism)과 하나님의 진노를 포기하는 것입니다. 죄인들에게 의롭게 답하시는 하나님의 거룩함이 우리의 중심에 있다면, 더없이 참 되고 유익한 십자가가 이해될 것입니다.

싱클레어 퍼거슨: 1999년 영국에서 흥미로운 조사 결과가 나왔습니다. 시민들에게 지난 천 년(A.D.1,000-2,000)의 인류 역사에서 가장 중요한 인물을 두 사람만 꼽아보라고 했습니다. 지난 천 년 동안 위대한 인물이 많이 나왔지만, 조사 결과 넬슨 만델라가 가장 위대한 남성이었고, 다이애나 황태자비가 가장 위대한 여성이었습니다. 이 사실은 제가 영국 사람들에 대해 의심했던 바를 확인시켜 주었습니다. 영국 사람들은 역사를 거의 모른다는 것입니다.

교회도 이에 필적합니다. 그리스도의 형벌 대속 교리를 반대하는 사람들은 19세기에도 자신들과 비슷하게 주장하는 사람들이 있었고, 그들이 교회를 무너뜨렸다는 사실을 깨닫지 못하는 듯 보입니다. 이런 일은 18세기에도 있었고, 17세기에도 있었고, 16세기에도 있었습니다. 우리는 역사에서 이들이 교회를 무너뜨리는 것을 보았습니다. 따라서 결과가 어떨지 이미 압니다. 급진적 기독교는 무너질 겁니다. 급진적인 죄 용서 개념은 무너질 겁니다. 원인에 상응하는 결과가 있을 겁니다. 다시 말해 하나님의 진노를 무너뜨리면, 그리스도인이 이생에서 체험하는 더없는 기쁨과 영광을 완전히 무너뜨리는 것입니다.

* 싱클레어 퍼거슨 목사님, 젊은 개혁주의 복음주의자들의 새로운 물결이 밀려오면서, 십자가의 중심성에 관해서는 많이 듣지만 그리스도와의 연합에 대해, 하나의 교리로서 이것이 갖는 중요성이나 그 실제적인 영향에 대해서는 그다지 많이 듣지 못합니다. 그리스도와의 연합이 우리의 성장과 거룩함을 위해 얼마나 중요한지 말씀해 주시겠습니까?

싱클레어 퍼거슨: 저는 일종의 구식 개혁교회(존 낙스, 장 칼뱅) 출신입니다. 무엇이 새로 생겨났고(이머징 교회를 암시) 무엇이 그렇지 않은지조차 모릅니다! 저는 그저 옆에서 지켜보는 사람으로서, 사람들이 우리 시대의 '새로운 개혁주의'(New Reformed)가 되어가고 때로 '옛

개혁주의'(Old Reformed) 사람들이 순간적으로 냉정을 유지하지 못해 펄펄 뛰는 모습을 봅니다. 저는 이렇게 말하고 싶습니다. 저는 사람들이 성경 연구와 같은 일반적 과정을 통해 진정으로 말씀을 깨닫고 핵심(하나님의 진노, 그리스도의 형벌 대속, 하나님의 주권적 역사로서 거듭남의 절대적 필요성)으로 돌아올 때, 나머지 부분도 제자리를 찾을 것이라 생각합니다.

칼뱅도 이와 같았습니다. 그는 하나님의 심판을 보았고, 거듭남의 필요성을 보았고, 그리스도를 믿는 믿음의 필요성을 보았습니다. 그러나 이것은 칼뱅이 그리스도와의 연합과 교제의 의미를 연구하기 오래 전이었고, 따라서 우리가 그리스도인이 되는 순간 죄에 대해 죽고 새 생명으로 다시 태어났음을 이해하기 오래 전이었습니다. 우리의 삶에 대한 죄의 지배력은 무너졌습니다.

우리는 자신의 싸움이 어디쯤 왔는지에 비추어 복음을 해석하지 않고, 하나님이 우리에 관해 하시는 말씀에 비추어 자신의 삶을 해석하는 법을 배우기 시작합니다. 우리가 그리스도와 연합되었기 때문입니다. 그러므로 그리스도인의 모든 삶은 고난과 연결되어 "그리스도의 남은 고난을… 채웁니다"(골 1:24). 그리스도께 조금이라도 부족한 부분이 있거나 그리스도의 고난이 죄를 속할 충분한 능력이 되지 못하기 때문이 아닙니다. 우리가 그리스도의 고난에 참여함으로써 우리의 남은 부분이 온전히 그리스도를 닮기 위해서입니다. 이 두 실체가 완성에 이르러 마침내 죄의 권세와 존재 자체에서 해방되고, 실제로 그리스도의 영광스런 부활을 육체적으로 닮게 됩니다(빌 3:21).

이것은 길고 느린 과정입니다. 베드로가 바울 서신에 이해하기 어려운 부분이 더러 있다고 했을 때(벧후 3:16), 로마서 5-6장과 같은 부분을 말한 것이 아닐까 싶습니다. 그리스도와의 연합이라는 개념을 오랫동안 열심히 들여다보면 그제야 가지가 포도나무에 붙듯이 우리가 그리스도와 연합했다는 놀라운 실체를 파악하게 됩니다. 이러한 연합은 그리스도께서 하신 일에 근거합니다. 그리스도께서 하신 일을 깨달을 때, 그 일은 정말로 우리에게 신비로운 실체가 되고, 모든 부분에서 그리스도와 연합하고 교제하며 사는 법을 배웁니다.

이렇듯 우리와 그리스도와의 연합은 그리스도와의 교제로 나타납니다. 저는 그리스도와 완전히 연합되었으므로 모든 일에서 그분을 말합니다. 만약 사람들이 제 머릿속을 들여다보면, 제 머리가 완전히 이상해졌다고 생각하지 않을까 싶습니다. "이 사람의 삶에 자리한 다른 이는 누구지?" 우리가 믿는 복음을 정확히 믿기만 한다면, 이것은 모든 그리스도인에게 복된 현실이 됩니다.

2

우리의 말을
하나님께

존 파이퍼
밥 코플린
폴 트립
대니얼 테일러
저스틴 테일러

이 대담은 2008년 9월 27일 '디자이어링 갓 컨퍼런스'(Desiring God Conference)에서 있었던 패널 토의를 녹취 편집한 것이다. 저스틴 테일러가 사회를 맡아 진행했다.

* 밥 코플린 목사님, 목사님은 제가 아는 가장 행복한 사람 중에 한 분이십니다. 하지만 여러 해 전에, 정서적으로 크게 어려운 시기를 겪으신 걸로 압니다. 목사님이 겪은 어려움이 무엇인지, 그리고 그 어려움을 통해 배운 것이 무엇인지 나눠 주실 수 있을까요?

밥 코플린: 저는 1991년에 노스캐롤라이나 샬롯에서 교회 개척을 도왔습니다. 개척 초기에는 걱정이 많았지요. 그러다가 1994년 1월, 아내와 함께 어느 부부의 집에서 저녁을 먹고 있었는데, 그곳에서 완전히 부서지고 말았습니다. 제 삶은 산산조각이 났습니다. 정신적으로, 저는 제가 하는 일과 아무 관련이 없었고, 과거와도 아무 관련이 없었고, 미래와도 아무 관련이 없다고 느꼈습니다. 제가 왜 존재하는지조차 알 수 없었습니다. 이런 생각들이 제 머릿속을 스쳐 지나갔습니다. 그때부터 3년가량 끊임없이 절망과 싸웠습니다. 아침에 일어나면 '내 삶에 희망이라고는 없어!'라는 생각이 밀려왔고, 이런 생각으로 하루를 시작했습니다. 하루하루 살아가는 것, 한 발 한 발 내딛는 것이 모두 처절한 몸부림이었습니다. 그나마 한 발이라도 내디뎠던 이유는 "다음에 뭘 하면 될까? 저기까진 갈 수 있어!"라는 생각 때문이었습니다.

그야말로 패닉 상태의 발작이었습니다. 처음 6개월 동안, 죽고 싶다는 생각과 싸웠습니다. 3개월 후에 열릴 행사를 계획하며 이런 생각이 들었습니다. '내가 왜 그 일을 생각하는 거지? 그때쯤이면 죽고 없을 텐데.' 가슴이 조여들고, 팔이 떨리고 가려웠으며, 얼굴이 화끈거렸습니다. 끔찍한 시간이었습니다. 그 와중에 하나님께 부르 짖었고, 제 삶에서 도대체 무슨 일이 일어나는지 알고 싶어 섬기는 목사님과 친구들에게 제 상황을 설명했습니다.

그리스도인이 된 지 22년이 지났는데도(1972년부터), 저는 여전 히 사람들의 칭찬을 갈망하고 거기에 목을 맨 채 살았습니다. 그러 나 저는 성공하지 못했습니다. 교회를 개척해 놓고 보면, 목회자와 생각이 다른 사람들이 많았습니다. 함께 교회를 개척했던 사람들이 떠났습니다. 이들은 존경과 숭배와 갈채에 대한 저의 갈망을 가차 없이 공격했습니다. 하나님이 제 손을 놓으시고 "좋다! 네 방식대로 한번 해봐!"라고 말씀하신 것 같았습니다. 저는 복음은 알았지만 제 자신이 얼마나 큰 죄인인지 몰랐습니다. 제가 알고 있는 복음은 꽤 착한 사람들을 위한 복음입니다. 그러나 이런 복음은 당시의 극한 절망에서 저를 건져 내기에 부족했습니다.

성경을 읽어도 이해되지 않았습니다. 성경은 제게 영향을 미치 지 못했습니다. 때로 침대에 누워 주기도문을 외우고 또 외웠습니 다. 불면증 때문에 잠드는 것이 가장 큰 소원이었습니다. 그때 이렇 게 말했던 기억이 납니다. "하나님, 당신을 더 잘 알아가도록 제게 평생 이렇게 하시겠다면, 그렇게 하십시오." 지금껏 제가 드린 가장 힘든 기도였습니다.

그 무렵, 존 오웬의 《죄와 유혹》[1]과 제리 브릿지즈의 《날마다 자신에게 복음을 전하라》²를 읽었습니다. 1년쯤 지난 후, 커버넌트 라이프 교회에서 같은 소그룹 구성원이자 좋은 친구인 게리 리쿠치(Gary Ricucci)에게 제 상황을 말했습니다. "게리, 도무지 희망이 느껴지지 않아요."

그는 이렇게 대답했습니다. "그래요? 제가 볼 때는 아직 제대로 절망하지 않았다는 것이 문제인 것 같은데요." 겉으로 어떤 표정을 지었는지 모르겠지만 속으로는 이렇게 말했습니다. '무슨 미친 소리야? 나는 지금 절망하고 있다고!' 그가 다시 말했습니다. "목사님이 정말로 절망하고 있다면, 자신을 신뢰하길 그치고 예수 그리스도께서 목사님을 위해 이루신 일을 전적으로 의지하겠지요."

이것이 탈출의 시작이었습니다. 자신에게 말 그대로 수백 번을 말했습니다. 절망과 공포가 밀려오고, 다시 어머니 뱃속으로 들어가 평안을 누리고 싶은 생각이 들 때마다, 저 자신에게 말했습니다. '내가 절망을 느끼는 이유는 내게 희망이 없기 때문이야. 그러나 예수 그리스도는 희망 없는 자들을 위해 돌아가셨고, 나도 그들 중 하나야.'

시간이 지나면서, 이것을 믿기 시작했습니다. 저는 지금 사람들에게 예수님이 위대한 구주라고 말할 때 이것을 믿습니다. 그분이 저를 구원하셨음을 알기 때문입니다. 제 기쁨은 여기서 나옵니다. 저 자신은 밑바닥까지 캄캄하고 죄뿐이지만 예수님의 사랑과 은혜는 그보다 더 깊이 내려간다는 사실을 알기 때문입니다. 청교도들의 기도 모음집 《영혼을 일깨우는 기도》[3]는 제가 가장 좋아하는 책 가운데 하나가 되었습니다. 이 책이 우리 죄의 어두움과 예수 그리스도의 대속 희생에 나타난 놀라운 은혜를 아주 정확하고 분명하게 설명하기 때문입니다.

그러므로 저는 행복한 사람입니다. 11년 전이었습니다. 그 후로 그런 증세를 다시 겪지 않았습니다. 지금도 사람들의 칭찬을 좇고 싶은 유혹을 분명히 느낍니다. 그러나 이제는 사람들의 칭찬을 원하지 않습니다. 그 시절을 통해 교만과 그 결과를 미워하는 법을 배웠고, 이제는 예수 그리스도께서 죽음을 통해 제게 주려 하셨던 겸손을 사랑하는 법을 배우고 있습니다.

* 폴 트립 목사님, 목사님과 테드 트립 목사님(《마음을 다루면 자녀의 미래가 달라진다》 저자)은 성경적 기독교, 은혜, 가정에 관해 아주 많은 글을 쓰셨습니다. 그래서 많은 사람은 목사님이 전원적이고 복음 중심적인 가정에서 자랐으리라고 생각합니다. 주님이 목사님을 어떻게 그분에게로 인도하셨는지 들려주시겠습니까?

폴 트립: 저희 형제가 지금 하는 일은 멋지고 놀라운 체험입니다. 아침에 눈을 뜰 때마다 제가 큰 특권을 누린다는 생각이 듭니다. 요즘 참 즐거운 순간을 경험합니다. 주말마다 설교를 하기 때문입니

다. 누군가 제게 다가와 말합니다. "테드 목사님의 메시지를 들었고, 목사님의 메시지도 들었습니다. 두 분의 책도 읽었습니다. 두 분의 부모님은 정말로 훌륭하셨을 거 같아요." 지나치게 비판적이고 싶지는 않습니다. 그러나 그런 말씀을 하는 분들은 하나님의 은혜가 모든 것을 바꿀 수 있음을 믿지 않기 때문에, 사람들의 삶에서 보이는 모습이 모두 자연적인 결과라고 생각하기 때문에 그렇게 결론 내린 것은 아닐까 합니다.

제 이야기를 조금 하겠습니다. 부모님은 제가 태어나기 직전에 신앙을 고백하셨습니다. 그래서 제 이름을 폴 '데이비드' 트립로 지으셨답니다. 그러나 아버지가 정말 믿음에 다다른 사람이었는지 모르겠습니다. 아버지는 말 그대로 "하나님, 안 돼요! 하나님, 안 돼요!"라고 소리치며 영원으로 들어가셨습니다. 아버지는 아주 끔찍한 이중생활을 하셨지요. 그러나 아버지가 하신 일 중에 제가 영원히 감사할 일이 하나 있습니다. 백만 년이 지나도, 여전히 이 일을 감사하게 여길 것입니다. 아버지는 우리에게 매일 성경을 읽어 주셨습니다. 아버지는 교사도 아니었고, 주님을 정말 아셨는지도 모르겠습니다. 그러나 아버지는 매일 성경을 읽어 주셨습니다. 창세기에서 시작해 요한계시록까지 읽어 주셨습니다. 저희는 아버지가 그 다음에 어떻게 하실지 알았습니다. 아버지는 다시 창세기부터 요한계시록까지 읽어 주셨습니다. 이것은 제게 깊은 인상을 남겼습니다. 제가 성경 내용을 다 기억했는지는 모르겠습니다. 그러나 이 일이 중요하다는 사실은 알았습니다. 저는 하나님이 계신다는 것을 알았고, 우리 삶이 그분과의 관계와 관련이 있다는 것도 알았습니다.

고등학교 때, 파티에 초대 받았습니다. 그 파티에는 없는 것이 없었습니다. 눈에 보이는 모든 것을, 모든 죄를 거기서 다 보았습니다. 하나님에 대한 두려움이 저를 그 집에서 몰아냈습니다. 지금도 그 일에 매우 감사합니다.

한편, 아버지는 매우 상반된 생활을 하셨습니다. 어머니는 문제가 많았습니다. 하나님의 법을 구실로 많은 학대 행위가 있었습니다. 저는 이 모든 일에서 영광스럽고 찬란하며 신비로운 하나님의 주권을 봅니다. 왜냐하면 하나님의 영광과 인간의 부서짐이라는 두 주제가 저를 제 평생의 일로 몰아갔기 때문입니다.

어머니는 동생 마크와 저를 여름 내내 캠프에 보냈습니다. 가정 문제 때문이지 않았나 싶습니다. 지금 생각해 보니, 어머니는 집을 비워야 하셨던 것 같아요. 경제적으로 곤란한 지경에 처했기 때문이죠. 저희 집이 오하이오 톨레도였으니까 펜실베이니아 스크랜턴의 하모니 하트 캠프까지는 아주 먼 길이었습니다. 저희 형제는 그해 여름을 아홉 살짜리 소년들로 가득한 오두막에 보냈습니다. 그곳에 교사도 한 사람 배치되었는데, 아홉 살 소년들에게 로마서를 가르쳤습니다. 그의 이름도 폴이었습니다. 천국에서 그를 만나면 키스를 해주고 싶습니다. 로마서 3장에 들어섰을 때, 저 자신의 죄에 대한 죄책감에 짓눌렸습니다. 하나님이 저의 유일한 희망임을 알았습니다. 삼층 침대 맨 위에 누웠으나 잠이 오지 않았습니다. 모두 침대에 누웠고, 불이 꺼졌습니다. 저는 침대에서 울고 있었습니다. 아홉 살인 제 생각에는 침대에 누운 채 하나님의 용서를 구하는 것이 불경건하다고 생각했나 봅니다. 일어나야 한다고 생각했습니다. 아이들이 깨지 않도록 조심스럽게 침대에서 내려와 시멘트 바닥에 무릎을 꿇었습니다. 주님께 용서를 구했고, 저를 그분의 은혜에 맡겼습니다.

저는 두 가지를 말할 수 있습니다. 먼저는 자라면서 했던 많은 경험을 다시 하고 싶지 않다는 것이고, 또 하나는 하나님이 그 경험을 통해 제게 행하신 일에 깊은 감사를 느낀다는 것입니다. 완전히 주권적이며 영광스러우신 은혜의 하나님 외에 누가 그런 일을 하겠습니까?

* 존 파이퍼 목사님, 목사님은 '자신을 잊는 기쁨과 기적'에 대해 자주 말씀하십니다. 이것이 무슨 뜻인지 설명해 주시겠습니까? 자신을 잊는 것이 기적이라면, 이것을 촉진하는 전략이 있는지요? 목사님은 예배 도중 찬양하면서 자신이 느끼는 감정을 의식하게 되면, 어떻게 자신을 잊고 주님께 집중하시는지요?

존 파이퍼: 먼저 그것이 무엇이며 어디에서 왔는지 말씀드리겠습

니다. 그리스도인의 삶에서 겸손은 본질적인 부분입니다. 칼뱅에 따르면, 기독교는 첫째도 겸손이고, 둘째도 겸손이며, 셋째도 겸손입니다.[4] 겸손을 더 깊이 생각해 볼수록 의도적으로 겸손하기란 불가능합니다. 의도적인 겸손은 겸손이 아니기 때문입니다. 다시 말해 스스로 겸손하다고 생각하는 사람은 겸손하지 않습니다. 따라서 이것은 하나의 딜레마입니다. "다 서로 겸손으로 허리를 동이라"(벧전 5:5). 제가 이 명령을 순종했다고 해봅시다. 저는 꽤 선한 일을 한 것입니다. 저는 겸손하라는 명령에 순종했다는 데 '자부심'을 느끼게 될 것입니다. 이처럼 의도적인 겸손은 불가능합니다!

그렇기 때문에 저는 겸손을 기적이라고 말합니다. 겸손을 체험하지 않음으로써 겸손하게 됩니다. 이것이 '자신을 잊는 것'입니다. 진정으로 겸손한 사람은 자신을 생각하지 않습니다. 그 사람은 두 가지를 생각합니다. 하나님이 얼마나 영광스러운지 생각합니다. 그리고 어떻게 스스로 종이 되어 타인을 도울지 생각합니다. "주는 것이 받는 것보다 복이 있습니다"(행 20:35). 그러나 이것을 생각하는 순간, 진정한 섬김은 망쳐집니다. 저의 예배가 활력이 넘친다고 생각하는 순간, 활력은 사라집니다. 그러므로 섬기는 것이나 예배에서 자신을 잊는 것은 진정한 기적입니다. 제가 말한 자신을 잊는 것이란 바로 이런 뜻입니다.

자신을 잊는 것으로 나아가는 길은, 제 생각에 그것을 구해야 합니다. 저는 강단에 설 때마다 기도하며 이것을 구합니다. 다른 사람들이 강단에 설 때마다, 그분들에게 자신을 잊는 은사를 주시길 기도합니다. 사람들의 앞에 서는 일, 자신을 객관적으로 바라보며 자신이 어떻게 하는지 생각하는 일은 정말이지 끔찍한 경험입니다. 자신이 잘하고 있다면 오만해집니다. 죽을 쑤고 있다면 패닉 상태에 빠집니다. "사람들은 언제라도 떠나갈 테고, 나는 모든 것을 잃게 될 거야!" 본문 내용과 그리스도께 강하게 붙잡혀 30분의 설교를 마치고 나서야 정신이 드는 것만큼 영광된 경험도 없습니다. 그러므로 자기를 잊을 수 있도록 구하는 것이 첫째 단계입니다.

그 다음으로, 위대함에 익숙해져야 합니다. 자신을 밖으로 이끌어 내는 위대한 무엇인가를 알아야 합니다. 자연이어도 좋고, 구름이어도 좋고, 그랜드캐니언이어도 좋습니다. 하나님과 성경이어도 좋습니다. 이런 까닭에, 공부가 아주 귀중합니다. 저는 낙담한 사람들에게 자주 묻습니다. "조직신학 책을 읽어 보셨나요?" 이것이 좋은 치료법이 되기도 합니다. 어떤 사람들에게는 섬뜩하게 들리겠지만요. 핵심은 우리가 자신에게서 벗어나 위대한 그 무엇에게로 이끌릴 수 있느냐는 것입니다. 그것이 소설이어도 좋고, 이야기여도 좋고, 다른 무엇이어도 좋습니다. 그러므로 위대함에 익숙해지십시오.

그 다음으로, 자신을 인식하는 순간에 그것을 의식적으로 십자가에 못 박아야 합니다. 찬양하는데, 누군가 쳐다본다는 생각이 들면(손이 올라가는데 사람들이 쳐다본다는 생각이 들거나 큰 소리로 찬양하다가 악보나 그 외에 주변의 다른 것을 의식하게 된다면) 자신을 향해, 혹은 이런 생각을 향해 '죽어!'라고 말하고 자신의 의식을 찬양의 내용과 하나님께 되돌려야 합니다.

밥 코플린 목사님이 강연 중에 스크린 의존 장애에 관해 잠깐 언급하셨습니다. 그리고 찬송의 가사를 암기하지 못했을 경우, 한 줄을 재빨리 보고 찬송가에서 시선을 돌린다고 하셨습니다. 저도 목사님의 말씀을 듣고 몇 번 그렇게 해봤습니다. 정말로 도움이 되었습니다. 이유가 무엇이든 간에, 아주 작은 일이 우리를 가사 한 줄에 담긴 진리에 더 강하게 이어 줍니다.

이상이 자신을 잊는 것으로 나아가기 위해 할 수 있는 두세 가지입니다. 그러나 결국 겸손은 기적입니다. 스스로의 힘으로는 겸손에 이르지 못하기 때문입니다. 겸손은 선물입니다. 어쩌면 이것이 더 나은 표현입니다. 겸손은 우리가 자신을 생각하지 않을 때 받는 선물입니다.

* 존 파이퍼 목사님, 목사님의 삶에서 일어나는 성령의 역사와 그 결과로 맺히는 열매와 자신이 이룬 진보에 대해 어떻게 인식하십니까? 예를 들면, 사도 바울은 성령의 감동으로 "너희는 나를 본받는 자가 되라"고 말합니다(고전 4:16). 그리고 겸손하게 이렇게 말합니다. "여러분이 저를 보고, 제가 하는 일을 보며, 여러분도 그렇게 하기를 원합니다." 이것이 어떻게 이루어집니까?

존 파이퍼: 우리는 이생에서 자기 인식(self-awareness)이라는 못된 버릇이 있는데, 이것을 반드시 이용해야 합니다. 이 부분과 관련해 제가 틀렸을지도 모릅니다. 우리가 자신을 알고 자신에 대해 생각할수록, 자기 인식은 어떤 면에서 그분을 지금보다 더 잘 나타낼 것입니다. 여기서 반드시 자기 점검을 해야 합니다. 바울은 "너희는 믿음 안에 있는가 너희 자신을 시험하라"(고후 13:5)고 말합니다. 그러므로 우리 자신을 살펴야 합니다. 특히 우리가 자신에 관해 얼마나 많이 생각하고 얼마나 적게 생각하는지 살펴야 합니다. 우리가 자신에 관해 많이 생각한다면, 곧 자기 점검과 염려, 자기 인정이나 자기 불만에 항상 매여 산다면 자신에게 지나치게 사로잡힌 것입니다. 이것은 우리가 문제에 빠졌다는 신호입니다. 그래서 저는 자기 점검을 할 때 그것에 지나치게 매이지 않길 구합니다. 늘 거울 앞에서 자기 모습이 훌륭한지를 생각하는 데 빠지지 않길 구합니다.

그러나 두 번째 질문에 대답하려니 잠시 망설여집니다. 자기 인식은 자신을 잊는 것을 절대적인 이상으로 삼지 않게 해주는 장점이 있습니다. 그래서 여기서 멈추겠습니다. 정말 그런지 아닌지는 여기 모인 모든 분이 다 알 수 있습니다.

---

* 밥 코플린 목사님, 예배 중에 몸을 사용하는 것과 관련해 하고 싶은 말씀이 있으신지요? 많은 사람이 찬양할 때 손드는 것을 아주 불편해 합니다. 이 부

분에 관해 좀 더 하고 싶은 말씀이 있으신가요?

밥 코플린: 우리는 하나님이 무엇을 바라시고, 어떻게 찬양받길 원하시는가에서 시작해야 합니다. 몇 년 전, 마크 데버 목사님과 대화를 나누었습니다. 목사님은 매우 정중하고 훌륭한 하나님의 사람이며, 워싱턴 D.C.에 자리한 캐피톨 힐 침례교회를 섬기고 계셨습니다. 그때 저는 마크 목사님에게 약간의 도전을 주었습니다.

그분은 예배 때 몸짓으로 표현하는 경우가 거의 없었습니다. 그러나 그분은 신학적으로 뛰어나고, 복음과 교회를 사랑하는 하나님의 사람입니다. 그분에게 이렇게 말했습니다. "마크 목사님, 이러면 어떻겠습니까? 제가 목사님에게 한 가지 여쭤도 괜찮겠습니까? 하나님은 성경에서 자신을 기쁘게 하는 몸짓에 대해 친히 말씀하십니다. 손을 들거나 무릎을 꿇거나 춤을 추거나 엎드리거나 소리치는 것 등입니다. 그런데 목사님은 이런 몸짓을 전혀 안 하시는데, 특별한 이유가 있는지요?" 마크 목사님은 "좋은 질문입니다"라고 대답하셨습니다. 이것은 여러분에게도 묻고 싶은 질문입니다. 여러분이 전혀 하지 않는 신체적 표현이 있습니까? 있다면 "왜 하지 않습니까?"

많은 사람이 모임에서 이러한 자기 인식과 씨름합니다. 모두가 마치 자신을 쳐다본다는 듯 말입니다. 바보짓이죠. 하지만 이것이 인간의 마음입니다. 우리는 이것을 죄로 인정하고 고백해야 합니다. "예수님, 당신은 제가 자기 영광을 사랑하기 때문에 돌아가셨습니다. 지금 당신을 찬양해야 합니다. 그런데 누군가 쳐다보고 있을 거라는 생각만 듭니다. 이런 생각을 떨쳐 버리지 못합니다. 이러한 저의 죄를 위해 돌아가셨으니, 감사합니다."

그런 다음 저는 토머스 크래머(Thomas Chalmers)가 말한 '새로운 감정의 폭발력'(The Expulsive Power of a New Affection)을 생각합니다. 다시 말해, 우리의 사랑을 자신이 아니라 다른 데로 돌린다고 생각합니다. 지금껏 제게 가장 유익한 방법은 찬양하면서 가사를 생각하는 것입니다. 가사를 깊이 생각하고, 저 자신을 가사와 연결하려고 최대한 노력하면서 "이것이 참이고, 진리이며, 내가 사는 이유이며, 내가 창조된 이유"라고 생각하는 것입니다. 이렇게 하면서 움직이기 시작합니다. 제가 하는 행동을 생각하지 않습니다. 구주께서 얼마나 위대한지, 그분이 저를 위해 어떤 일을 하셨는지, 아버지 하나님이 얼마나 영광스러운지, 아버지께서 어떻게 성령을 보내어 제 안에 거하게 하셨는지 생각합니다. 그때 저는 어떤 식으로든 반응하게 됩니다. 때로 무릎을 꿇습니다. 종종 두 손을 들고 "감사해요, 주님!", "주님이 필요해요!"라고 고백합니다. 그 순간, 저에 대한 사람들의 시선을 덜 의식하게 됩니다.

저는 사람들이 저를 어떻게 생각하든 개의치 않습니다. 이것이 저의 세 번째 생각이기 때문입니다. '예수 그리스도를 영광스럽게 보이게 한다면 내 몸으로 무엇이든 할 거야!' 사람들이 저를 보면서 저 사람은 위대한 구원자를 안다고 말하면 좋겠습니다. 사람들이제 표정을 보고 "그들이 주를 앙망하고 광채를 내었으니 그들의 얼굴은 부끄럽지 아니하리로다"(시 34:5)라고 말하면 좋겠습니다. 그들이 제 몸을 보고 저 사람은 그분께 영광을 돌리기 위해 창조되었다고 말하면 좋겠습니다. 단지 그 상황만이 아니라 제 삶 전체를 보고 그렇게 말하면 좋겠습니다. 저 사람은 절대적으로 합당하신 분께 영광과 존귀와 찬양과 예배와 경배를 돌리기 위해 창조되었다고 말하면 좋겠습니다. 그런 생각을 할 때 더 자연스럽게 표현하게 됩니다. 몸짓을 통한 표현이 자연스럽지 않다면 익숙해지도록 계속 노력해야겠지요. 그러나 우리가 예수 그리스도의 영광에 관해 바른 생각을 한다면, 신체적 표현이 더 자연스럽게 나옵니다.

* 대니얼 테일러 교수님, 사람들이 하나님 중심의 방식으로 더욱 창의적이 되고 상상력을 기르려면 어떻게 해야 할지 조언해 주시겠습니까?

대니얼 테일러: 먼저 상상력을 귀하게 여겨야 합니다. 사회자에게서 받은 이메일에 이런 이야기가 있었습니다. 상당히 교만해 보이는 신학 교수를 만났는데, 그 교수 말이 자신은 50년간 소설을 한 권도 읽지 않았답니다. 그 교수에게 가장 먼저 해주고 싶은 말이 있습니다. "신학 서적을 읽고 있다면, 많은 이야기를 읽고 있는 것입니다!" 그리고 어느 목사가 그 교수에게 "저는 50년 동안 신학 서적을

전혀 읽지 않았어요"라고 거만하게 말한다면, 그의 기분이 어떻겠느냐고 묻고 싶습니다. 그 사람에 대해 좋은 인상을 받을까요? 이런 예는 기독교 세계가 상상력을 의심의 눈길로 본다는 것을 암시하고 있습니다.

할머니에 대한 제 기억은 네 살 때부터 시작됩니다. 제가 할머니께 뭐라고 했는지는 기억나지 않지만 자동차 뒷자리에 탔던 기억은 납니다. 우리가 집으로 돌아오면 할머니가 문을 열어 주셨습니다. 우리가 나갈 때면 할머니는 제게 이렇게 말씀하셨습니다. "대니얼, 할머니한테 소설 쓰지 마라." 겨우 네 살이었지만 할머니가 이야기와 거짓말을 동일시하신다는 것을 알았습니다. 기독교 안에도 이런 부분이 많습니다. 제가 자란 환경에서는 분명히 많습니다. 저는 근본주의자들과 함께 자랐습니다. 많은 중요한 부분에서 저는 근본주의자가 아닙니다. 그러나 제게 믿음의 이야기를 들려줄 만큼 세심했던 사람들에 대해 하나님께 감사드리고, 이분들을 축복합니다. 혹 다른 것들과 섞였더라도 이분들이 들려준 이야기는 많은 진리를 내포하고 있습니다. 그러나 제가 자란 환경에서는 상상력이나 창의성을 귀하게 여기지 않았습니다.

또 저희 교회는 아주 소박했습니다. 그러나 교회를 소박하게 지은 사람들의 집은 소박하지 않았습니다. 저는 왜 사람들이 교회 치장은 낭비라고 생각하면서 정작 자신의 집을 최대한 멋지게 치장하는 것은 낭비가 아니라고 생각하는지 궁금했습니다.

그래서 저는 상상력을 귀히 여기는 데서 시작하고, 몇몇 핵심 교리(일반은총, 모든 인간은 하나님의 형상으로 창조되었다)에서 시작하라고 권합니다. 하나님의 형상으로 창조되었다는 말은 우리가 상상력을 가졌다는 뜻이기도 합니다. 저는 창조를 "하나님이 우리를 상상하셨다"는 말로 이해합니다. 창조는 무(無)에서 시작되었습니다. 하나님 외에는 아무것도 없었습니다. 하나님은 창조하실 세상을 상상하셨습니다. 우리는 하나님의 상상력의 산물입니다. 따라서 우리가 상상한다는 사실은 우리가 하나님의 형상으로 창조되었다는 것의 한 부분입니다.

한편 저는 저와 신앙 내용이 다른 사람들에게서, 그리고 삶의 핵심적 의가 완전히 잘못된 것 같은 이들에게서도 아주 많이 배웠습니다. 그들도 하나님의 형상으로 창조되었고 아름다움을 창조합니다. 그들에게도 인간에 관한 통찰력이 있습니다. 그들도 소설을 씁니다. 솔직히 말해, 그리스도인들보다 더 잘 씁니다. 그래서 저는 상상력을 귀히 여기고 상상력을 기르라고 말합니다.

상상력 앞에 서지 않고 어떻게 상상력을 기릅니까? 온갖 다양한 방법으로 하나님 앞에 서지 않고 어떻게 하나님과의 관계를 기릅니까? 상상력도 마찬가지입니다. 대성당을 찾아가 경외심을 느껴보세요. 명화를 보고 명곡을 들으세요. 명작(名作)을 읽으세요. 자연을 감상하세요. 자연은 하나님이 상상력을 통해 하나님 자신을 무수한 방식으로 표현한 것입니다.

그런 다음, 당신의 상상력이 다른 사람들과 똑같지 않음을 깨달으십시오. 하나님은 제게도 상상력을 주셨습니다. 모든 사람은 어느 정도 창의성과 상상력이 있습니다. 그러나 어떤 사람들은 그 정도가 비범합니다. 하나님은 이들에게 이러한 상상력과 창의성을 놀라운 방법으로 이용하라고 요구하십니다. 이것을 부정하지 마십시오. 이것을 부정하는 소리에 귀를 기울이지도 마십시오. 이것을 표현할 방법을 찾아보십시오. 하나님의 영광을 위해 최대한 활용하십시오.

존 파이퍼: 제 의견을 말하고, 대니얼 테일러 교수님의 대답을 계속 들어도 괜찮을까요? 자신을 잊는 것에 관한 사회자의 물음으로 돌아가 봅시다. 우리 아이들은 교만과 죄악이 가득한 채 태어납니다. 그러나 대부분 어느 아이도 이것을 스스로 인식하고 표현하지는 않습니다. 아이들은 당황스러움을 배우고 자기 집착을 배웁니다. 자기 집착은 우리가 계속 유지해 가는 일종의 성숙한 청소년의 죄입니다. 제가 볼 때 아이들을 자기 집착에서 지켜 주는 가장 건강한 수단 중 하나는 이야기입니다. 누구든 세 살 아이의 시선을 사로잡을 이야기를 들려줄 수 있습니다. 낮에 있었던 일도 좋고, 무슨 이야기라도 좋습니다. 아이나 어른이 흥미진진한 이야기를 들으면서 자신을 생각하는 경우는 거의 없습니다. 자신에게서 이끌려 나와 이야기 속으로 빨려듭니다. 이것은 정신 건강에 좋습니다.

저희 교회에서 두 블록 떨어진 곳에 큰 정신병원이 있는데 그곳의 환자들은 한 가지 공통점을 가지고 있습니다. 모두 자신 속에 갇혀 있다는 것입니다. 물론 저희는 그분들을 정말 사랑하고, 그분들도 저희 교회에서 재미있는 시간을 보냅니다. 몇몇 분은 아주 잘 압니다. 그런데 모든 정신질환자는 자신 속에 갇혀 삽니다. 다른 사람들이 기도할 때 집중하지 못합니다. 주변에서 일어나는 일을 이해하지 못합니다. 모든 것이 단지 자신의 마음에 있고, 죄책감이나 두려움이나 공포 등을 중심으로 돌아갑니다. 이것이 최악입니다. 이들은 대체로 정신분열증을 앓고 있으며 약물 치료를 받습니다. 물론 누구에게나 이런 부분이 조금씩은 다 있습니다. 그래서 정신건강이란 무엇보다 이렇게 되지 않는 법을 찾는 것입니다. 대니얼 테일러 교수님, 이에 대해 이야기가 어떻게 작용하는지 말씀해 주시겠습니까?

대니얼 테일러: 다 말하자면 끝이 없습니다. 이야기는 아이들의 도덕적 상상력을 길러 줍니다. 확실한 사실입니다. C. S. 루이스와 심리학자 브루노 베텔하임(Bruno Bettelheim)을 비롯해 많은 사람이 이런 말을 했습니다. 이야기를 통해 아이들은 자신의 선택과 행동이 중요하며, 실제로 선과 악이 있음을 보고 또 압니다. 아이들의 이야기는 단순하지만 유치하지 않습니다. 심오한 진리를 내포합니다. 할머니, 할아버지가 손자에게 이야기를 읽어 주길 좋아하는 이유도 여기 있습니다. 이들이 이야기를 읽어 주는 것은 자신을 위한 것이

기도 합니다. 이야기를 통해 도덕적 상상력이 형성됩니다.

저는 개인적으로, 기독교적인 이야기뿐 아니라 그렇지 않은 이야기들도 이런 역할을 한다고 믿습니다. 《반지의 제왕》은 놀라운 도덕적 신화입니다. 이 소설은 청소년 시절 저에게 깊은 영향을 미쳤고, 세상에는 선과 악이 있음을 보게 했으며, 선한 사람들 편에 서고 싶다는 생각을 갖게 했습니다. 선한 사람들이 세상에서 늘 승리한다고 생각했기 때문이 아닙니다. 선한 사람들이 세상에서 승리하지 못할 때도 많습니다. 그러나 저는 이 이야기의 도덕적인 힘을 느꼈습니다. '나는 이곳에서 선이 승리하길 원하고, 악이 승리하길 원하지 않아! 그러니까 내가 뭔가 해야 해!' 이야기는 하나님이 우리 내면에 두신 가장 좋은 것을 불러냅니다.

여기에는 연민(compassion)도 포함됩니다. 연민(동정)이란 어려움을 함께 겪는다는 뜻입니다. 'com'은 '함께'라는 뜻입니다. 'passion'은 '아픔이나 고난'을 뜻합니다. 연민과 동정심이 있다면, 누군가의 어려움을 함께 겪습니다. 스스로 그들의 이야기 속에 들어갑니다. 그러려면 상상력이 필요합니다. 그들의 처지가 되어 그들의 어려움이 무엇인지 상상해야 합니다. 이런 상상은 우리에게서 자의식과 유아론적인 이기주의를 깨는 데 필요한 것을 끌어냅니다.

그래서 저는 이야기나 상상력이 도덕성의 핵심이며, 도덕적 본성의 핵심이라고 생각합니다. 하나님이 우리를 동정하셨습니다(불쌍히 여기셨습니다). 이것이 궁극적인 이야기, 역사상 가장 위대한 이야기입니다. 하나님이 무엇을 하셨습니까? 하나님은 육체를 입고 우리의 이야기에 들어오셨습니다. 하나님이 우리의 이야기를 시작하셨습니다. 그러나 세상의 기초가 놓일 때부터, 하나님은 자신이 역사와 시간의 어느 시점에서 철저히 자신의 피조물 속으로 들어가리라는 것을 아셨습니다. 이것을 성육신이라고 합니다.

모든 위대한 예술가는 선과 악을(설령 선과 악이 어디서 왔는지 모른다고 하더라도) 진지하게 다룹니다. 선과 악을 진지하게 다루지 않는다면 위대한 예술가가 아닙니다. 선과 악을 진지하게 다루지 않는 사람이 위대한 문학 작품이나 예술 작품을 남긴 적은 없습니다. 우리는 하나님이 친히 육신이 되셨음을 이해하지 못하거나 알지 못하거나 받아들이지 못하는 사람들을 보면서, 하나님이 이들을 지으셨고 이들에게도 인간 상태를 보는 제한적인 통찰력을 주셨다는 사실을 알 수 있습니다. 그래서 저는 하나님이 제게 의도하신 것을 제 속에서 끄집어내 주는 모든 이야기를 사랑합니다.

* 여기 계신 네 분은 모두 예술을 좋아하고 직접 창조하기도 하십니다. 대니얼 테일러 교수님은 문학을 하시며, 존 파이퍼 목사님은 시를 쓰시고, 밥 코플린 목사님은 작곡을 하며, 폴 트립 목사님은 그림을 그리시죠. 폴 트립 목사님, 목사님이 하나님의 거룩함과 영광을 추구하는 데 있어 예술이 어떤 역할을 했는지 말씀해 주시겠습니까?

폴 트립: 저는 이사야를 좋아합니다. "거룩하다 거룩하다 거룩하다 만군의 여호와여 그의 영광이 온 땅에 충만하도다"(6:3). 우리는 이러한 경외심을 자아내는 영광이 충만한 세상에서 삽니다. 그런데 그 세상에서 하나님의 영광을 보지 못하고 살아갑니다. 우리는 거룩함과 연결된 존재라서 하나님의 영광을 보지 못할 때, 다른 곳에서 영광을 찾게 됩니다. 그러므로 사람들에게 하나님의 영광을 보는 눈을 주는 것, 이것이 제 일생의 사명입니다.

창조 세계에는 모든 요소마다 하나님의 영광이 아주 깊이 스며들어 있습니다. 생김새(shape)에도 영광이 있고, 질감(texture)에도 영광이 있고, 빛(light)과 색깔(color)에도 영광이 있습니다. 나무껍질을 조금만 벗겨 보십시오. 편편한 갈색 껍질만 있는 것이 아닙니다. 여러 층, 여러 조직으로 구성된 영광이 있습니다. 갈색도 한 가지 색조만 있는 것이 아닙니다. 400개의 갈색 색조가 서로 교차합니다.

어느 날, 연못가에서 새 깃털을 하나 집어 들었습니다. 흰색의 깃털을 제가 입고 있던 흰색 셔츠에 대 보았더니, 검정색으로 이어지는 멋진 회색 줄무늬가 보였습니다. '하나님은 정말 놀라우신 분이야! 새가 몇 종류나 될까? 이런 깃털 하나하나를 이처럼 예술적으로 칠하셨겠지!' 두 무릎이 떨렸습니다. 겨우 깃털 하나였는데 말입니다! 그래서 저는 영광스런 요소들을 취해 다시 짜 맞추길 좋아합니다. 제 그림들은 추상화로 보일 겁니다. 저는 교회가 '기독교 미술'을 단지 포토리얼리즘(photorealism)으로 여기는 것은 잘못이라고 생각합니다. 저는 사람들의 삶에서 나타나는 시각적인 무기력이 염려스럽습니다. 사람들은 나무를 열 번 보면 더는 보지 않습니다. 차를 몰고 출근할 때 주변 풍경이 너무 익숙해서 더 이상 유심히 보지 않는 것과 같습니다. 저는 사람들을 이러한 무기력에서 끌어내고 싶습니다. 사람들이 각 요소에 깃들인 영광을 신선하고 새롭게 체험하길 바라기 때문입니다.

* 밥 코플린 목사님, 목사님은 격려의 은사가 뛰어나다고 들었습니다. 사람들의 비위를 맞추지 않고도 어떻게 알맞은 격려를 건네시나요? 그리고 어떻게 교만을 피하면서 격려의 말을 받아들이시는지요?

밥 코플린: 글쎄요. 먼저 제게는 세계적 수준의 격려자로서 본을 보인 분이 있습니다. 그런 면에서 저는 복 받은 사람이지요. 그분을 안 지 30년이 지났습니다. 그분은 매허니(C. J. Mahaney) 목사님입니다. 단지 그분 곁에 있기만 해도 제가 얼마나 형편없는 격려자인지 알게 되며, 그 때문에 더 나은 격려자가 되어야겠다는 자극을 받습니다.

저는 격려가 복음에서 시작된다고 생각합니다. 복음 전체가 격려이지 않습니까? 격려는 하나님이 그리스도 안에서 우리를 위해 놀라운 일을 행하셨고, 우리가 놀라운 선물을 받았으며, 우리 죄가 용서되었다는 것을 인식하는 데서 시작합니다. 저는 가끔 이런 생각을 합니다. 만약 제가 오늘밤에 암이라는 확진을 받고 오랫동안 무섭고 고통스러운 투병 끝에 죽더라도, 기쁘게 하나님을 영원히 찬양할 이유가 있을 겁니다. 그분이 저의 죄를 용서하셨기 때문입니다. 그래서 저는 모든 것을 선물로 보려 합니다.

격려는 주변 사람들을 보면서 하나님이 그들에게 주신 모든 은사와 제가 그들 곁에서 그들을 통해 받은 모든 선물을 깨닫는 데서 나옵니다. 그러므로 격려는 이러한 선물을 인식하는 것입니다. 저는 격려가 뭔가를 말하려는, 뭔가를 깨달으려는 태도에서 나온다고 봅니다. 격려를 받기 위해 누군가를 격려하는 것은 아첨이라고 생각하기 때문입니다. 우리는 자신을 좋게 보이고 싶어서 사람들을 격려합니다. 이것은 주님을 기쁘시게 하지 못합니다. 사람들에게 복이 되지도 않습니다. 제가 사람들을 격려하고 싶은 이유는 그들이 한 일에 대해 진정으로 감사하기 때문입니다. 저는 그들에게 진정으로 감사하며, 그 감사를 표현함으로써 그들이 이것을 알기를 원할 뿐입니다. 그렇게 살고 싶은 까닭은 이런 삶이 자신을 잊는 것에 도움이 되기 때문입니다. 늘 주위를 살피면서 격려할 사람을 찾는다면, 이것은 자기 영광의 놀라운 해독제가 됩니다. 그럴 때 제 머릿속은 자신을 생각하는 것이 아니라 주변 사람들의 모든 좋은 부분을 생각하고 있으니까요.

격려를 받을 때, 자신의 죄악을 알고 자신이 얼마나 많이 용서받았는지 안다면 누군가 우리에게서 무엇을 보든 간에 그것이 하나님의 은혜의 결과임을 압니다. 그것은 하나님의 역사입니다. 우리가 격려할 수 있다는 사실 자체가 하나님의 은혜입니다. 사람들이 우리의 격려를 받고, 우리의 격려가 그들에게 유익이 된다는 사실 자체가 하나님의 은혜입니다. 이 모두가 하나님의 영광을 위한 것입니다. 그러므로 누군가 격려를 받을 때, 저는 하나님이 저를 통해 하신 일로 인해 그 사람만큼이나 놀랍니다. 어떻게 이런 일이 일어납니까? 저는 모릅니다. 그러나 저는 이런 일이 일어나서 기쁩니다. 그리고 우리 모두 이런 시각을 가져야 합니다. 하나님이 우리 모두에게 선물을 주셨고, 하나님은 그 선물을 활용해 다른 사람들에게도 영향을 미치십니다.

누군가 우리에게 "감사합니다"라고 말할 때, 우리는 "천만에요. 정말 놀랍죠? 하나님은 너무나 좋으신 분입니다. 하나님은 너무나 친절하신 분이에요"라고 말하면서 영광을 하나님께 돌릴 수 있습니다. '주님, 이 분을 만난 것도 당신 때문입니다.' 사람들의 격려를 받을 때, 저는 시간을 내어 격려해 준 데 대해 감사합니다. 그들은 저를 격려하지 않아도 그만이었을 텐데 말이죠. 제가 하는 몇몇 일도 마찬가지입니다.

존 파이퍼: 여기서 반드시 집고 넘어가야 할 것이 있습니다. 기본적으로 이런 질문은 우리가 아첨을 피하는 요령과 교만을 피하는 요

령을 구하는 것처럼 들릴 수 있습니다. 실제로 그런 요령도 있습니다. 그러나 진짜 중요한 문제는 이것입니다. '한 사람이 성경과 묵상과 독서를 통해 진노, 거룩함, 심판, 속죄, 용서, 칭의(稱義)를 포함하는 세계관을 어떻게 발전시키는가?' 그러므로 우리 내면의 선한 것은 상대의 자아가 아닌 다른 것을 세워 주는 데서 의미를 갖습니다. 요령은 이 부분에서 효과가 없습니다. 이렇게 말하는 세계관만이 효과가 있습니다. "저는 죄인입니다. 지옥으로 향하고 있고, 언제나 교만하며, 은혜로만 구원받습니다." 이런 세계관에서야말로 무엇인가 일어날 수 있습니다. 저를 지키는 것은 몇 가지의 요령이 아닙니다. 우리는 바로 이런 세계관을 가져야 하며, 이것을 통해 모든 것을 봐야 합니다.

밥 코플린: 저도 그렇게 생각합니다. 제가 나누는 것들이 저를 이끌어 주며, 자신의 영광을 구하지 않도록 저를 지켜 줍니다. 파이퍼 목사님의 말씀이 절대적으로 옳습니다. 그리스도는 우리의 생명이십니다. "우리 생명이신 그리스도께서 나타나실 그때에 너희도 그와 함께 영광 중에 나타나리라"(골 3:4). 저는 은혜에서 자랍니다. 우리가 은혜에서 자라는 이유는 그리스도께서 우리의 삶을 다스리시기 때문입니다.

저는 단지 이것을 재확인하고, 복음 중심의 삶이 바로 이것을 의미한다고 단호하게 말하고 싶습니다. 모든 것이 자신의 영광을 위해 한 백성을 구속하러 오신 분, 우리를 영원한 진노와 영원한 심판에서 구원하신 분, 우리로 그분 앞에서 누릴 영원한 기쁨을 고대하며 기다리게 하시는 영광스런 하나님과 관계가 있습니다. 우리가 그 기쁨을 누릴 때 서로 주고받는 격려도 넘칠 것입니다.

서문

1. 《거기 계시며 말씀하시는 하나님》(*He is there and he is not silent*) 1972년에 처음 출판된 프란시스 쉐퍼의 저서 제목이다. 생명의 말씀사(1973)

2. 예수님은 자신이 누구이냐(who he is)와 자신의 말(what he says)을 '나와 내 말'이라고 일괄적으로 말씀하실 때가 잦다. 예를 들면, 막 8:38; 눅 6:47; 요 12:48; 14:24.

3. Graeme Goldsworthy, *Preaching the Whole Bible as Christian Scripture* (Grand Rapids, MI: Eerdmans, 2000), 83-84.

4. 복음을 적용하는 이러한 네 가지 방식은 팀 켈러(Tim Keller)에게서 빌려 왔다.

2장

1. 저자는 자신을 '야고보'라고만 할 뿐 정확한 신분을 밝히지 않는다. 초대교회는 전통적으로 이 야고보를 주님의 형제로 보았는데, 이것은 이 서신 내에 나오는 저자에 대한 증거와 우리가 야고보에 대해 아는 바와 일치하는 게 분명하다.

2. 어떤 학자들은 여기서 '몸'(body)이란 교회를 가리키며 이렇게 볼 때 문맥(선생들)이 앞뒤가 맞고, 4장 1절의 '지체'(members)란 육체적인 지체가 아니라 교회의 지체(구성원)로 이해

해야 맞다고 주장한다. 분명한 평가에 대해서는, Dan G. McCartney, *James*, BECNT (Grand Rapids, MI: Baker Academic, 2009) on 3장 1-12절을 보라. 아직 출판도 되지 않은 자신의 주석을 내게 보여 준 McCartney 교수에게 감사한다.

3. 참조. 이와 관련된 가장 분명한 설명 중 하나는 골로새서 3장 1-17절이다. 5절("그러므로… 죽이라")과 12절("옷 입고…")의 권고에 주목하라.

4. Bruce K. Waltke, *The Book of Proverbs: Chapters 1-15*, NICOT (Grand Rapids, MI: Eerdmans, 2004), 102.

5. Dr. McCartney는 이곳이 1996년 이후까지 이렇게 사용되었다고 말한다. Dan G. McCartney, *James*, BECNT (Grand Rapids, MI: Baker Academic, 2009), 야고보서 3장 6절에 대한 논의를 보라. n. 20.

6. Sereno E. Dwight, *Memoirs of Jonathan Edwards in The Works of Jonathan Edwards*, 2 vols., E. Hickman 편집 수정; 1834 (재판. Edinburgh; Carlisle: Banner of Truth, 1974), 1:xxi-xxii 에서 재인용.

7. D. M. Lloyd-Jones, *Romans, Exposition of Chapters 3:20-4:25, Atonement and Justification*, (Edinburgh; Carlisle: Banner of Truth, 1970), 19. (로마서 강해 첫 권은 아니지만 가장 먼저 출판되었다.) 《마틴 로이드 존스의 로마서 강해 1, 속죄와 칭의》, 서문강 옮김(CLC, 2005)

8. 루터의 1522년 서문(to the New Testament), Martin Luther, *Selections from his Writings*, ed. John Dillenberger (New York: Doubleday, 1962), 19에서 재인용. 여기서 기억해야 할 게 있다. 교회는 모든 실제적인 목적에서, 무엇이 정경에 포함되어야 하느냐를 결정할 권한은 자신에게만 있다고 주장해 왔다. 그러나 루터가 불과 5년 전인 1517년에 제시한 95 개조 반박문은 이러한 교회의 권위를 철저히 무너뜨렸다는 점이다. 초기 종교 개혁자들은 사람들이 무엇을 믿어야 하는지 결정하는 교회의 권위를 무너뜨렸으며, 따라서 정통적인 기독교를 재건해야 하는 필연적인 상황에 처했다. 여기에는 정경의 구성과 같은 가장 기본적인 문제에 관한 결정도 포함되었다. 겸손하게도 루터는 한 사람의 판단을 무오(無誤)한 것처럼 취급해서는 안 된다는 점을 인정했다. 나중에 루터는 율법폐기론 (antinomianism)과 맞닥뜨린 후, 야고보의 시각의 중요성과 가치에 관한 생각을 분명히 한다.

9. 참조. J. A. Motyer, *The Prophecy of Isaiah* (Downers Grove, IL: InterVarsity, 1993), 77.

10. '새로운 세상'(the new world, ESV)이라는 번역은 팔링게네시스(palingenesis)라는 헬라어를 영어로 옮긴 것인데, 다른 곳에서는 '거듭남'(regeneration)으로 번역되었다. 거듭남을 통해 지금 새롭게 됨(present renewal of regeneration)은 그리스도의 재림 때 일어날 최종적이며 우주적인 변화에 대한 현재적 참여라고 보는 게 가장 좋다.

3장

1. B. B. Warfield, "Calvin and the Bible," in *Selected Shorter Writings: Benjamin B. Warfield*, 2 vols., ed. John E. Meeter (Phillipsburg, NJ: Presbyterian and Reformed, 1970), 1:398. 원문은 *The Presbyterian* (June 30, 1909): 7-8.

2. John Donne, *The Sermons of John Donne*, ed. George R. Potter and Evelyn M. Simpson, 10 vols. (Berkeley: University of California Press, 1953-1962), 6:55.

3. Martin Luther, *A Commentary on St. Paul's Epistle to the Galatians* (Westwood, NJ: Fleming H. Revell, 1953), 369-70.

4. Harry Stout, *The Divine Dramatist: George Whitefield and the Rise of Modern Evangelicalism* (Grand Rapids, MI: Eerdmans, 1991), 104, 강조는 추가로 표시한 것이다.

5. Sereno E. Dwight, *Memoirs of Jonathan Edwards in The Works of Jonathan Edwards*, 2 vols에서 재인용. E. Hickman 편집, 수정, 1834 (repr. Edinburgh; Carlisle: Banner of Truth, 1974), 1:cxc.

6. Denis Donoghue, *On Eloquence* (New Haven, CT: Yale University Press, 2008), 3.

7. 같은 책, 148.

8. E. M. Cioran, The Temptation to Exist, trans. Richard Howard (Chicago: Quadrangle, 1968), 126-27, Donoghue, On Eloquence, 136에서 재인용. 강조는 추가한 것이다.

9. John Wilson, "Stranger in a Strange Land: On Eloquence," www.christianitytoday.com/bc/2008/001/9.9.html (2008년 9월 29일 접속).

10. "소피스트들은 전형적으로 지식인층, 부유층, 권력층 출신이었으며, 나중에 소피스트들은 수사학을 강조하는 엘리트 교육제도를 통해 이러한 계층의 영구화를 도왔다. 소피스트 운동의 큰 죄가 자랑이었다는 점을 감안해, 바울은 지혜와 신분과 성취에 대한 사랑을 금하는 예레미야의 본문을 고린도의 소피스트 운동을 비판하는 주된 본문으로 삼았다. Bruce Winter, *Philo and Paul among the Sophists: Alexandrian and Corinthian Responses to a Julio-Claudian Movement*, 2nd ed. (Grand Rapids, MI: Eerdmans, 2002), 253-54.

11. 예를 들면, 고린도전서 1장 25절은 "하나님의 어리석음"과 "하나님의 약하심"에 대해 긍정적으로 말한다는 점에서 의식적인 충격 가치(conscious shock value) 부분에서 유창하다. (충격가치란 부정적인 감정이 반응을 불러일으키는 하나의 이미지나 텍스트를 비롯한 커뮤니케이션 형태가 갖는 잠재력을 말한다–옮긴이.)

12. "필로는 '소피스트'를 42회 언급하며, 이외에도 이와 관련된 용어를 52회 언급하고, 소피스트 운동에 대해 수없이 언급한다." Winter, *Philo and Paul*, 7. "소피스트들과 이들의 제자들이 고린도에서 두각을 나타냈으며, 도시의 삶에 중요한 역할을 했다는 데는 의심의 여지가 없다." 같은 책, 140.

13. Winter는 *Philo and Paul*, 7-9에서 고린도의 소피스트 운동에 관한 여섯 가지 자료를 제시한다.

14. 같은 책, 141.

15. 같은 책, 144, n.16

16. 같은 책, 253.

17. "소피스트 운동의 큰 죄는 자랑이었다." 같은 책.

18. 성경의 문학적 요소에 대해 더 탐구하길 원한다면 다음을 보라. Leland Ryken, *Words of Delight: A Literary Introduction to the Bible*, 2nd ed. (Grand Rapids, MI: Baker Academic, 1993).

19. Stout, *The Divine Dramatist*, 1991, 228.

4장

1. Martin Luther, *What Luther Says: An Anthology*, vol. 1, comp. Ewald M. Plass (St. Louis: Concordia, 1959), entry no. 3360, p. 1056.

2. Douglas Wilson, *A Serrated Edge: A Brief Defense of Biblical Satire and Trinitarian Skylarking* (Moscow, ID: Canon Press, 2003), 60.

3. Luther, *What Luther Says*, vol. 1, entry no. 3363, p. 1057.

4. 같은 책, entry no. 3367, p. 1058.

5장

1. 이 장의 저자는 성경을 직접 번역해서 인용했다(한글번역은 개역개정 4판을 따랐다).

6장

1. 루터는 이렇게 썼다. "음악은 하나님이 주신 아름답고 영광스런 선물이며 신학과 가깝다. 나는 내가 더 풍성히 얻을지 모를 그 무엇을 위해 내가 음악에 관해 아는 얼마 안 되

는 것을 포기하지 않겠다." Walter Buszin, "Luther on Music," *The Musical Quarterly* 32, no. 1 (1946): 85에서 재인용.

2. Luther, "Preface to Georg Rhau's Symphoniae iucundae," *LW* 53, cited by Buszin.

3. Augustine, *Confessions*, XXXIII. 50.

4. Oliver Sacks, *Musicophilia: Tales of Music and the Brain* (New York: Alfred A. Knopf, 2007), 158.

5. Mark Noll, "We Are What We Sing," *Christianity Today*, July 12, 1999, 37.

6. Jonathan Edwards, *Religious Affections*, cited in Sam Storms, *Signs of the Spirit: An Interpretation of Jonathan Edwards's Religious Affections* (Wheaton, IL: Crossway, 2007), 53. 《신앙 감정론》

7. John Wesley, Preface to Select *Hymns* (1761).

8. Harold M. Best, *Music through the Eyes of Faith* (San Francisco: HarperOne, 1993), 156.

9. Allen P. Ross, *Recalling the Hope of Glory* (Grand Rapids, MI: Kregel, 2006), 474.

저자들과의 대담1

1. Harold Myra and Marshall Shelley, *The Leadership Secrets of Billy Graham* (Grand Rapids, MI: Zondervan, 2005), 79-90. The reference to "turn critics into coaches" is on p. 84. 《빌리 그레이엄의 리더십의 비밀》

2. Jonathan Edwards, "Sermon VIII" (on Romans 2:10), in *The Works of Jonathan Edwards*, 2 vols., edited and corrected by E. Hickman; 1834 (repr. Edinburgh; Carlisle: Banner of Truth, 1974), 2:902.

3. Christian Smith and Melinda Lundquist Denton, *Soul Searching: The Religious and Spiritual Lives of American Teenagers* (New York: Oxford University Press, 2005).

4. Steve Chalke and Alan Mann, *The Lost Message of Jesus* (Grand Rapids, MI: Zondervan, 2003), 182-183.

저자들과의 대담2

1. John Owen, *Sin and Temptation*, ed. James M. Houston (Minneapolis: Bethany House, 1996).

《죄와 유혹》

2. Jerry Bridges, *The Discipline of Grace* (Colorado Springs: NavPress, 1994). 《날마다 자신에게 복음을 전하라》

3. Arthur G. Bennett, ed., *Valley of Vision* (Carlisle, UK: Banner of Truth, 1975). 《영혼을 일깨우는 기도》

4. 장 칼뱅은 어거스틴을 인용하고 있다. 어거스틴은 "누가 내게 기독교의 규범에 관해 묻는다면, 언제나 첫째도, 둘째도, 셋째도 겸손이라고 대답하겠다." 《기독교 강요》(*Institutes2*) 2.2.11.